悖逆的人生与
顺从的人生

悖逆的人生与
顺从的人生

| 李载禄博士 |

URIM BOOKS

耶和华说：

我知道我向你们所怀的意念，

是赐平安的意念，

不是降灾祸的意念，

要叫你们末后有指望。

（耶利米书29章11节）

前言

美国第十六任总统林肯，宣告1863年4月30日为禁食祷告日。此时美国的内战正打得如火如荼。

"面对这可怕的灾难，我们当深省此乃我等恶行而招致之惩罚。我等领受上帝浩瀚恩德，幸蒙上帝多年保守，久享盛世太平，经济、财富与国力之激增世所罕见。而今忘恩悖逆，恃宠而骄，忘却赏赐平安、繁荣、昌盛、富强之恩手，心被蒙蔽，以为今之福泽乃人之才智与德行所致。自醉，而夸耀眼前成就；自满，而轻看救赎与保守；自傲，而不屑于向造我等之上帝祈求。为国为己，唯愿我等同心合意，自卑寻求上帝之面，在被得罪之主面前，虔心悔罪，以祈求上天之恩慈与怜恤。在至诚与真理引领下，竭力为国祈祷，并坚信呼求必蒙垂听，恩福必降。"

就照这位伟大的总统所提议的，美国人在这一天不吃东西，向神献上禁食的祷告。

林肯谦卑地信靠仰赖神，拯救美国脱离解体的危机。我们从中可以得知一个真理，就是一切问题的答案尽在神里面。

跨越世纪，福音借着传道者的口广传于世，可是许多人不肯听信这生命的福音，反而傲然声称："与其信神，不如信我！"

如今人类对地球生态系统破坏十分严重，导致自然灾害席卷全球。医学发展的突飞猛进，也难以赶超新种疾病的日趋猖獗。因此即便是那些排斥神，自命不凡，夸夸其谈的人们，其实他们的生活中也总离不开"愁苦"、"贫穷"和"疾病"等字眼。

有些人会因事业和工作上碰到大大小小的问题而忧苦愁烦。我们甚至可以看到那些对自己的健康充满自信的人，一夜之间失去健康；安居乐业，丰衣足食的人，突然厄运当头，倾家荡产，致使家破人亡，悲痛绝望。

"这等事为何偏偏要发生在我身上！"他们哀声发问，极力挣扎，却仍找不到出路。在基督徒当中也有很多的人常经试探患难。

万事有果必有因，凡一切问题和困难必有其原因。

出埃及记中所记载的降于埃及的十灾、逾越节的条例，给全世界的人提供摆脱一切苦难的线索。

埃及就属灵的意义指的是世界。故此，埃及十灾的教训是关系到如今全球人类的宝训。然而，很少有人清楚了解埃及十灾这一历史事件中所蕴含的神的旨意。

由于《圣经》中并没有提到"十灾"一词，故各人观点不一，有人说是十一灾，甚至有人说是十二灾。

前者是把亚伦变杖为蛇的事件也算在内，但埃及人即使看到蛇，也未受其害，因此将此纳入灾殃之列，未免有些牵强。

不过沙漠里的蛇，具有很强的毒性，人一旦被咬，常常性命难保，因此人看到它，会受到惊吓和威胁。这便是有人把看到蛇列入灾殃的理由。

后者是把变杖为蛇的事件和埃及追兵葬死海底的事件都算为灾殃。他们认为这个事件是发生在以色列民过红海之前，即出埃及之前，所以也算是一灾，便是共十二灾。但重要的不是灾殃的次数多少，而是包含在其中的属灵的含义和神的旨意。

本书从悖逆神命的法老和顺从神言的摩西之间的鲜明对比以及逾越节仪式、割礼、无酵节的意义，揭示救赎的道路，显明神无限的怜恤和无微不至的慈爱。

法老亲眼目睹神的大能，但仍硬着颈项抗拒神，以至遭受接踵而至的灾殃，落到无法挽救的地步。但以色列百姓因顺从神的话语，得以安然避开所有灾难。

神将十灾记录在《圣经》中，是要叫人知道遭遇试探患难的原因所在，从而解决一切人生问题，得享无病无灾的幸福人生。

　　进而使人明白顺从神的人会蒙怎样的祝福，使他们成为神所称许的儿女，最终拥有神为他们所预备的荣耀天国。

　　本书引领读者找到解决所有问题的钥匙，尽享久旱逢甘霖畅快淋漓般的欢悦，进入蒙福和应允的道路。

　　感谢编辑局局长宾锦善和为本书的出版付出辛劳的所有同工。也要奉主的圣名祝愿所有的读者能过顺从神的生活，领受神丰富的慈爱与祝福。

李载禄 博士

目录

关于悖逆的人生

悖 逆 的 人 生 与 顺 从 的 人 生

"你若不听从耶和华你神的话，不谨守遵行他的一切诫命律例，
就是我今日所吩咐你的，
这以下的咒诅都必追随你，临到你身上：
……
你出也受咒诅，入也受咒诅。"

（申命记28章15节-19节）

第一章

降于埃及的十灾

耶和华对摩西说:
"我使你在法老面前代替神,
……你的哥哥亚伦要对法老说:
容以色列人出他的地。
我要使法老的心刚硬,
也要在埃及地多行神迹奇事。
但法老必不听你们,
我要伸手重重地刑罚埃及,
将我的军队以色列民从埃及地领出来。……。"
(出埃及记7章1节-7节)

　　人人都有谋求幸福的权利,但真正享受幸福的人却寥寥无几。尤其在现今这个被各种事故、灾难、疾病、犯罪、暴力所充斥的时代,谁也不敢保证自己能常享平安。

　　但创造我们的父神比谁都切望我们得到幸福。为了儿女的幸福,父母可以无条件地付出自己的一切。然而父神爱我们的心和乐意赐福的心,比这世界上的任何作父母的都要迫切。

　　这样的神,怎会忍心看到自己的儿女们经受灾殃,受苦遭难呢?

　　我们若了解神降灾于埃及的旨意和每种灾殃所代表的灵意,

就会发现其中所蕴藏着的神丰富的慈爱。并能发现免遭灾殃或克服灾殃，反得祝福的渠道。

不信神的人当中有些人一遇到难处就怨天尤人，习惯性地说"上天无眼！"信神的人当也有很多类似的人，他们因不明白神的心意，所以一旦遇到问题或苦难，就惊慌失措，束手无策，或灰心绝望。

东方首富约伯，此人起初也不认识神的心，因此当灾殃临到他身上的时候，他就摆出一副"该来的终于来了"的心态。他说"难道我们从神手里得了福，不也受灾祸吗？"误认为神会无故赐福或无故降灾（约伯记2章10节）。

但神向我们所怀的心意并非降灾祸的心意，乃是赐平安的心意。在讲述降于埃及的十灾之前，先探讨当时的时代特征和背景。

以色列民族的形成

以色列是神的选民。综观其历史，神的计划和旨意淋漓尽致地呈现在我们眼前。"以色列"是神给信心之父亚伯拉罕的孙子雅各取的名，包含着"与神与人较力，都得了胜"之意（创世记32章28节）。

亚伯拉罕的儿子以撒有两个孪生儿子，分别名叫以扫和雅各。奇妙的是：次子雅各出生的时候手抓住哥哥以扫的脚跟出了母腹，反映出雅各争强好胜的秉性。

雅各趁以扫打猎回来又累又饿，用一碗红豆汤买得长子名分，进而欺哄父亲篡夺了长子的祝福。

现代人意识形态已大有变化，不太重视以长为先的观念，甚至女儿也可以取代儿子做父亲产业的继承人，但过去许多国家都有长子继承父亲全部产业的惯例。在以色列，长子的福分是举足轻重的。

雅各虽以狡诈的手段篡夺长子的祝福，但他比谁都渴慕属灵的祝福。他直到蒙神赐福，经历了无数岁月的磨难。为了躲避哥哥的愤怒，他投靠舅舅拉班，经历二十年的艰苦劳役，饱受拉班的欺骗与玩弄。

当他重返故土时，又因一腔怒火耿耿于怀的哥哥，面临死亡的威胁。雅各之所以遭遇这些苦难，是因为他有求己益处、狡猾诡诈的秉性。

但他因比谁都敬畏神，所以能够通过熬炼的岁月，彻底破碎自己，从而神赐福于他，由他十二个儿子形成了以色列民族。

出埃及的时代背景和摩西的出现

那么，以色列民族为何在埃及度过为奴的生活呢？

以色列的始祖雅各在十二个儿子中偏爱自己爱妻拉结所生的第十一子约瑟，这引起了兄长们的嫉妒。约瑟最终被哥哥们卖到埃及去当奴仆。

一心敬畏神、为人正直的约瑟，蒙神的引导，被卖到埃及不过十三年，一跃成为治理埃及全地的宰相。

借此为机，雅各和其家眷在约瑟的帮助下迁至埃及，脱离席卷整个近东地区的严重旱灾。约瑟凭着属天的智慧，拯救埃及脱离灭国之灾。于是法老和埃及百姓恩待以色列民族，将歌珊地赐给他们作为安身之所。

物转星移，改朝换代，以色列民族异常繁盛，埃及人感到威胁。约瑟死后，历经数百年岁月，埃及人已对约瑟的恩忘得一干二净。

埃及人开始虐待以色列民，将他们当做奴隶，强逼他们做繁重的苦役。

法老王为了遏制以色列民的繁盛，向希伯来收生婆下旨，命令她们凡接生的希伯来男婴都要杀死。

在这法老血腥御旨雷厉风行的阴暗时代，拯救以色列民出埃及的领袖——摩西降生了。

摩西的父母见他俊美，就把他藏了三个月。后来不能再藏，就将孩子放在蒲草箱里，搁在河边的芦荻中。

恰巧法老的女儿来到河边洗澡，发现有一箱子在芦荻中，有一男婴卧在其中，就心生怜悯，要把他抱去作养子。远远观察动静的孩子的姐姐米利暗，见状就赶忙前去对法老的女儿推荐其亲母约基别作孩子的乳母。摩西就这样被自己的亲生母亲抚养长大。

摩西自然从母亲领受有关祖先亚伯拉罕、以撒和雅各的神以及以色列民族的知识。

他在法老的宫中接受最高教育，学习各种知识，练就各种本领，具备了当领袖的资质，他还清楚了解有关自己民族和神的事，他的身量与爱神和同胞的心都一齐增长。

原来从他的降生到成长的全过程，尽在神的安排中，因为神早已拣选摩西作引领以色列民出埃及的领袖。

神人摩西和埃及的法老王

有一天摩西身上发生了一件大事，这对摩西的生命带来了决定性转变。

他一直对自己的民族沦为埃及人的奴隶，受虐待，服苦役而牵肠挂肚。这天他目击埃及人欺辱他的同胞，不禁义愤填膺，就把埃及人打死了。法老得知此事，定意要杀他。摩西便躲避法老逃命，沦为颠沛流离的逃亡者。

摩西在米甸旷野经历四十年的牧羊生活，然而这一切过程尽在神的旨意当中，是要炼净他作神重用的器皿。在为岳父牧羊的这四十年岁月里，摩西放弃大国王子的尊严，变成一个极其谦和的人。

于是神呼召他，并立他为解放以色列百姓出埃及的领袖。

"我是什么人，竟能去见法老，将以色列人从埃及领出来呢？"（出埃及记3章11节）

这四十年，摩西只做一件事——专心牧羊，这导致他自信尽失，锐气大减。神知道摩西的心，便将变杖为蛇等神迹显给他看，使他能够凭着信心到法老面前，传达神的命令。

摩西通过熬炼，变得极其谦卑，具备坚贞不渝的心志，可以对神做出绝对的顺从。然而，埃及王法老是个心里刚硬而顽梗的人。

"心里刚硬"是指见到神大能的作为也无动于衷的铁石心肠，相当于耶稣以比喻说明的四类心地之一——路旁地（马太福音13章18节-23节）。这路旁地是因人们经常来往踩踏而变硬的地。心地刚硬如路旁地的人，即使亲眼见到神迹，也不会有生命的改变。

当时埃及人勇猛如狮，具有坚忍不拔的民族性，尤其他们的最高统治者法老（Pharaoh，是古埃及对其君主的尊称）享有绝对权利，自称为神，令臣民将其当作神一样来崇拜。

摩西针对具有这种文化背景的埃及人传讲他们闻所未闻的神，并传达这位神释放以色列百姓的命令，法老自然难以从命。

再加上他们因向来从以色列民族的劳力中得到许多好处，更不肯接受这一要求。

如今也有很多这类的人，他们视自己的知识、名誉、权利、财富为至上。他们唯求自己的利益，只相信自己的能力，心高气傲，刚硬顽梗。

埃及的法老王和其百姓因心地刚硬，对摩西所传的神的旨意抗拒到底，从而遭到接踵而至的灾殃，以至于死。

当然，即使法老的心刚硬，神也没有从起初就致使他们遭受重灾。

正如诗篇145篇8节所说："耶和华有恩惠，有怜悯，不轻易发怒，大有慈爱。"神借着摩西多次彰显大能，希望他们能够认定神，顺从神。但法老王仍然执迷不悟，顽冥不化，心里越发刚硬。

参透人内心的神，预知这一切的事，起先就对摩西说：

"我要使法老的心刚硬，也要在埃及地多行神迹奇事。但法老必不听你们，我要伸手重重地刑罚埃及，将我的军队以色列民从埃及地领出来。我伸手攻击埃及，将以色列人从他们中间领出来的时候，埃及人就要知道我是耶和华。"（出埃及记7章3-5节）

心地刚硬的法老王和十灾

查考《圣经》中出埃及的全过程，我们可以从多处发现"神使法老的心刚硬"的形容。

单从字意层面上看，此话似乎让人觉得是神刻意使法老的心刚硬，神是独裁者。但事实并非如此。

神愿意万人得救，不愿一人沉沦（提摩太前书2章4节）。无论一个人心地怎样刚硬，神也愿意将他引入救恩之路。

这样的神绝不会为了显出祂自己的荣耀，刻意使法老的心刚硬。而且，我们还可以从神差遣摩西到法老面前的过程，充分了解到神切愿更新法老的心意，使他改邪归正的良苦用意。

神凭着慈爱和公义，凡事照着祂在《圣经》中的言语和所立的次序行事。

我们若不听从神的话语，犯罪作恶，就会遭受仇敌魔鬼的控告，陷入试探和患难，但若顺从神的话语，行事为人公义虔诚，则必照神的应许，蒙神赐福。

神并非预先决定蒙福的人和不蒙福的人，一切都在乎人自由意志的选择。神若没有慈爱和公义，早就降下巨灾，一次性使法老屈膝服神。

神不要人出于恐惧被迫顺服祂。神希望人能凭着自由的意志，打开心门，甘心乐意地顺从祂。

为此，神先将自己的旨意向人显明，并将祂的大能显给人看，使人能够诚然顺从神。然而，当人不顺从的时候，神就允许人经历一些轻微的灾，从而醒悟自己的过错和缺欠。

全知全能的神参透人的内心。祂清楚知道怎样能使人显出恶来，又怎样能使人离弃罪恶，问题获解。

祂如今也用最为合适的方法，将我们引入最佳路径，造就成圣洁的儿女。

祂按时许可我们经历所能受的试探，使我们经过熬炼，得以发现并离弃罪恶，从而得蒙灵魂兴盛，凡事兴盛，身体健壮的祝福。

可是埃及的法老王，每当自己的恶显露时，并没有将其离弃，反而心里越发刚硬，继续抗拒神的命令，不停止其恶行。神预知法老的这种心态，便通过灾殃，使他刚硬的心继续显露。

《圣经》就是将此形容为"神使法老的心刚硬"。

一般来讲，"刚硬"是指人的性情或品性乖戾和倔强。不过《圣经》上说的"刚硬"的意义是：因心地顽恶而悖逆、抗拒、敌对神的话语。

　　如前所提，埃及的法老王自称为神，他唯我独尊，号令天下，无人不从，在他无所畏惧。法老若有善心，就算他不认识神，也会因着神借着摩西所彰显的大能而相信神。

　　尼布甲尼撒王（公元前605-562年巴比伦帝国）虽然未曾认识神，但当他亲眼目睹神借着但以理三友沙得拉、米煞、亚伯尼歌所彰显的大能时，就认定神，并将荣耀归与神：

　　"沙得拉、米煞、亚伯尼歌的神，是应当称颂的。……因为没有别神能这样施行拯救。"（但以理书3章28节-29节）

　　年少时被掳到外邦国度巴比伦的沙得拉、米煞、亚伯尼歌，为了守神的诫命，拒拜偶像，就照王命，被扔进烈火的窑中，却见火无力伤他们的身体，头发也没有烧焦，衣裳也没有变色，并没有火燎的气味。尼布甲尼撒王亲眼目睹这超乎人能力的奇妙作为，当即就承认全知全能的神，并在举国百姓面前，归荣耀与神。

　　埃及的法老与这尼布甲尼撒王形成鲜明的对比。法老虽也亲眼目睹神的大能，但他不肯承认，反而硬着心，继续抗拒神，以致饱受十灾，招架不住，惶恐万分，才肯释放以色列百姓。

　　但因其刚硬的本质并未改变，法老不久就后悔放以色列百姓走，便率领大量兵马，追捕以色列民，最终葬死海底。

蒙神保守的以色列民族

在接踵而至的灾殃席卷整个埃及期间，以色列百姓虽然生活在埃及境内却没有受到任何伤亡损失。因为神彻底保守了以色列人居住的歌珊地。

我们若蒙神的保守，即使在大灾大难中也能安然无恙。只要倚靠神的大能，不论疾病缠身，患难当头，我们都能克服和制胜。

当时，以色列百姓蒙神的保守，并非因着他们具有信心或为人公义，而仅仅因为是神之选民的缘故。他们与埃及人不同，他们在痛苦中懂得寻求神，认定神，故能蒙神的保守。同样，即使我们心里仍有恶事残留，但仅仅因为是神的儿女的缘故，就能蒙神保守，免遭不信神的人所遭遇的灾殃。

因为我们已经通过耶稣宝血的功效，罪得赦免，由魔鬼的儿女，变成神的儿女，脱离仇敌魔鬼败坏的辖制。

我们信主重生，信心渐长，全守主日，脱去罪恶，顺从神道，神就赐我们相应的慈爱与祝福。

"遵守他的诫命、律例，就是我今日所吩咐你的，为要叫你得福。"（申命记10章13节）

歌珊地乃为以色列民族曾在埃及寄居的肥美宝地，在今天的尼罗河三角洲一带，曾经蒙神保守而免遭降于埃及的十灾。

地 中 海

以色列

尼罗河三角洲

迦南

死海

· 兰塞

歌珊

· 疏割

利比亚

· 开罗（今埃及首都）
· 孟斐斯（古埃及首都）

西奈半岛

尼罗河

· 贝尼·哈桑帝王石窟墓

红海

埃及

阿比杜斯神庙 ·
· 丹德拉哈托尔神庙
· 卡纳克神庙
麦迪奈·哈布神庙 ·
· 卢克索神庙
孟农神像 ·
埃德夫荷鲁斯神庙 ·
· 考姆翁布神庙
阿斯旺水坝 ·
卡拉神庙 ·· 阿斯旺菲莱神庙

· 阿布辛贝神庙

法老是古埃及国王的尊称，法老自称与天神荷鲁斯和太阳神阿蒙·赖同等，被百姓崇拜为全知全能的神，享有至高无上的绝对权力。如今尼罗河流域遗留的诸多神庙，是他们当时权倾天下的一个缩影。

兰塞

阿比杜斯神庙

神庙浮雕

拉美西斯二世

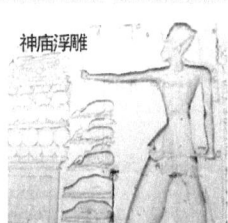

第二章

悖逆的人生与灾殃

耶和华晓谕摩西、亚伦说:
"法老若对你们说: '你们行件奇事吧!'
你就吩咐亚伦说: '把杖丢在法老面前, 使杖变作蛇。'"
……于是, 法老召了博士和术士来, 他们是埃及行法术的,
也用邪术照样而行。……但亚伦的杖吞了他们的杖。
法老心里刚硬, 不肯听从摩西、亚伦,
正如耶和华所说的。
(出埃及记7章8节-13节)

卡尔·马克思与神为敌, 在唯物论的基础上创立共产主义思想。他的思想蛊惑众人远离神, 并且其声势之浩大, 好似铺天盖地。然而, 共产主义只留下恐怖与压迫、贫穷与不幸, 不到一百年就没落了。

如同共产主义的没落, 卡尔·马克思生平饱受精神上的不安、儿女夭折等诸多患难。

曾经妄称"神死了"的尼采, 平生敌对神, 殃及许多人, 但他没过多久就精神失常, 落得个悲惨的下场。

就这样凡敌对神，抗拒神的人，他们终生不得安宁，忧患重重，灾难多多。

灾殃与熬炼，试探与患难的区别

不论信神的还是不信神的，人生在世，大大小小的困难在所难免。这是因为我们的人生被摆在神"耕作人类，获真儿女"的旨意当中。

神赐给我们的都是最上好的福分。首造的人亚当犯罪之后，罪进入人类，世界被仇敌魔鬼、撒但所掌控，人们开始经历各种痛苦与悲伤。

人们随从仇恨、恼怒、贪婪、骄傲、奸淫等恶的属性犯罪作孽，又按罪的轻重程度，受仇敌魔鬼、撒但百般的亵渎和毁坏，以至陷入试探和患难，在痛苦中度日。

人们往往以"灾殃"一词来形容他们所遭遇的苦难。信主的人则常以"试探"、"患难"或"熬炼"来形容所遇到的难处。

《圣经》上也记载道："不但如此，就是在患难中也是欢欢喜喜的。因为知道患难生忍耐，忍耐生老练，老练生盼望。"（罗马书5章3节-4节）

想要论一个人经历苦难是灾殃还是熬炼；试探还是试验；是否患难，这得看各人遵行真理与否以及其信心的程度。

例如：本来有信心的人，若经常听道而不行道，神就无法保守他，这人便要遇到各种困难，这堪称"患难"。如果此人进而出卖自己的信心，违背真理，行在罪孽中的时候，就会临到"灾殃"。

一个人虽然还不能全守神的道，但他听了道，就努力遵行，极力除去心里的罪性，那么这一过程就叫"熬炼"。也就是说：人在与罪相争，抵挡到流血之地步的过程中所经历的各种困难就是"熬炼"。

"试探"是出于撒但；"试验"乃是出于神，这两者是能叫人认清自己信心的水准、灵命的大小。总而言之，努力凭着信心虔诚度日的人，会受"熬炼"或"试探"；心里无可责备，预备蒙神赐福的人会受"试验"；远离真理，惹神震怒的人则会遭遇"患难"和"灾殃"。

临到灾殃的原因

"灾殃"是仇敌魔鬼、撒但针对那些故意犯罪，与神隔绝的人所施加的。按照抗拒神道的严重程度，灾殃的强度也会呈现差异。如果一个人遭遇了灾殃也仍不回转，反而继续行恶，他必然遭受更大的灾殃，犹如埃及十灾接踵而至，由弱到强，愈演愈烈。但只要悔改归正，他必蒙神的怜恤，灾殃便会迅速退去。人遭受灾殃是因为自身的恶，但遭殃的人可分两类。

一类是因着遭殃而向神悔改并归正；另一类则是不肯悔改，反而对神不满，宣泄怨言——"我殷勤出席教会，认真祷告，乐意奉献，却为何要遭受这般灾殃。"

但两者的结局截然不同：前者可以摆脱灾殃，蒙神的怜恤；后者则因仍执迷不悟，遭遇比先前更大的灾殃。

人心里恶越多，就越难以承认自己的错误而回转。这样的人心里刚硬，再三给他传福音，他也不肯打开心门。他们即使步入信仰之门，也难以醒悟神的道，经久不得改变，虽涉足教会，却是徒有教名。

人遭遇灾殃，必有原因，无非是行了不合理的事。因此，当你遭灾时，最明智的选择就是：立刻深省，醒悟自己的过犯，并速速悔改归正，这样，灾殃必然离你远去。

神所赐的机会

埃及的法老王抗拒摩西传的神命，小灾临头，轻忽怠慢，不肯悔改，以至更大的灾殃纷至沓来，他仍顽冥不化，不肯顺从神，反而继续行恶，祸国殃民，落到无法挽救的地步，最终葬死红海，着实是个愚昧至极的人。

> "耶和华以色列的神这样说：'容我的百姓去，在旷野向我守节。'"（出埃及记5章1节）

摩西奉神差遣，要求埃及法老王释放以色列百姓。然而，法老一口拒绝说：

"耶和华是谁，使我听他的话，容以色列人去呢？我不认识耶和华，也不容以色列人去。"（出埃及记5章2节）

"希伯来人的神遇见了我们，求你容我们往旷野去，走三天的路程，祭祀耶和华我们的神，免得他用瘟疫、刀兵攻击我们。"（出埃及记5章3节）

法老听了摩西和亚伦的话，就以以色列百姓出于懒惰，图谋不轨为由，对他们加重苦役，百般虐待。

法老吩咐督工的和官长，不可照常把草给百姓作砖，叫他们自己去捡草，并且素常作砖的数目一点不可减少。对以色列人来说，有草供应也很难完成所要求的数量，现在法老竟然连草都不给他们了，却催逼他们如数上交，从中可以看出法老的心是何等顽恶。

法老态度强硬，加重以色列百姓的苦役，他们就开始向摩西发怨言。然而，神再次差遣摩西到法老面前，彰显神迹奇事。神将大能显给悖逆神的法老看，是要给他改邪归正的机会。

"摩西、亚伦进去见法老，就照耶和华所吩咐的行，亚伦把杖丢在法老和臣仆面前，杖就变作蛇。"（出埃及记7章10节）

神通过摩西变杖为蛇，使法老零距离接触到神的大能，能够认识到他这位独一无二的真神。

"蛇"从属灵上讲是指撒但。那么，神为何使杖变为蛇呢？

无论是摩西所立之地，还是他手中的杖，都是属乎世界的，世界又是属于仇敌魔鬼、撒但的。因此，神变杖为蛇就是包含着上述的象征意义。借以表示：不合神旨意的人，经常要受撒但的操控。

法老王是抵挡神的人，故他无法蒙神的赐福。于是神通过蛇的出现，预告撒但的毁坏之工即将开始。这个事件之后发生的血灾、蛙灾、虱灾等都是由撒但所引起的。

变杖为蛇的事件，相当于我们身边发生一些问题，就是我们遇到一些微乎其微、很容易归为偶然和巧合的负面的事。这些事还不能算是什么灾祸，也不至于对我们造成什么损害。只是神要借以此事给我们一个回转的机会。

法老召埃及术士抵挡神

法老看见亚伦的杖变为蛇，就把博士和术士召了来。他们是法老宫中为法老效力的。他们精通法术，身怀绝技，时常取悦法老。他们靠行法术得了官职。他们在这方面具有天生资质，因为这是他们祖传的家业。

如今世界顶级的魔术师，也能够在众目睽睽之下穿过中国的万里长城，还能使美国的自由女神像消失。还有那些多年修炼印度瑜伽的人当中，有的可以在细枝上睡觉，或潜入水桶里熬过几天几夜。

他们尚且可以利用障眼法或靠肉体和精神上的苦练所掌握的

技巧，做出如此惊人的事，更何况祖祖代代为法老效力的术士所具备的技能呢？他们甚至开发自身的潜能，与邪灵相交。我们可以看到有些交鬼的巫师能够在磨出利刃的铡刀上自由自在地舞跃，却不受其伤。法老的术士也是与邪灵相交，显出各种超凡的技能。

经过多年的磨练，练就多种绝技的埃及的术士们，通过巧妙的障眼法，照样使杖变为蛇。

不承认活神的人们

摩西以杖变蛇，法老一开始很吃惊，觉得真是有神，但他看到埃及的术士也照样行，心又变了，坚持拒绝听从神的命令。

尽管埃及术士的蛇被亚伦杖变的蛇所吞，法老却仍硬着心将其归为巧合。

信仰里面没有偶然与巧合。当人刚刚接待主，努力建立信心的时候，撒但就会拦阻他信神，从而他的身边会发生一些轻微的问题和现象，然而人们往往把这些事当作偶然和巧合。

初信的人当中还有这类人，他们通过神的帮助，问题得到解决，起初承认神的能力，但随着时间的推移，也将其当做偶然和巧合。

他们就像法老王见到变杖为蛇的神迹，也不承认神的存在，亲身经历到神的大能，也不承认永活的真神，将一切都归为偶然和巧合一样。

有的人只要经历一次问题得以化解的奇迹，就完全相信神；有的人则时间一过就认为是巧合，反而归功于自己的力量、知识、经验或周遭人的帮助。

神只能对这样的人掩面，因此曾经化解的问题，还会卷土重来，曾经病得医治的人，还会旧病复发，或比先前更加厉害；曾经事业上的问题得到解决的人，会面临比原先更大的问题。

这样，当人将蒙神应允的事归为巧合的时候，就会偏离信仰的道路，渐渐远离神，以致重又碰到问题，或陷入更大的困境中。

同样，法老王也因将神的作为当作偶然和巧合，所以遭遇灾殃，饱受苦难。

"法老心里刚硬，不肯听从摩西、亚伦，正如耶和华所说的。"（出埃及记7章13节）

第三章
血灾、蛙灾、虱灾

摩西、亚伦就照耶和华所吩咐的行，
亚伦在法老和臣仆眼前举杖击打河里的水，河里的水都变作血了。
……亚伦便伸杖在埃及的诸水以上，青蛙就上来，遮满了埃及地。
行法术的也用他们的邪术照样而行，叫青蛙上了埃及地。
……亚伦伸杖击打地上的尘土，
就在人身上和牲畜身上有了虱子，
埃及遍地的尘土都变成虱子了。
……行法术的就对法老说："这是神的手段。"
法老心里刚硬，不肯听摩西、亚伦，正如耶和华所说的。
（出埃及记7章20节-8章19节）

神预先告知摩西，法老即使看见变杖为蛇的神迹，也会拒绝释放以色列百姓。神又向摩西具体指示他将来当行的事。

"明日早晨他出来往水边去，你要往河边迎接他，手里要拿着那变过蛇的杖。"（出埃及记7章15节）

摩西奉命前往，在河边遇见正在散步消遣的法老。摩西手里握着那变过蛇的杖，向法老传达神的旨意：

"'耶和华希伯来人的神打发我来见你,说:容我的百姓去,好在旷野事奉我。到如今你还是不听。'耶和华这样说:'我要用我手里的杖击打河中的水,水就变作血,因此,你必知道我是耶和华。河里的鱼必死,河也要腥臭,埃及人就要厌恶吃这河里的水。'"(出埃及记7章16节-18节)

血灾

水与我们的生命息息相关,人体的百分之七十是由水构成的,一切生命现象都离不开水,水是生命之源。

如今世界人口的过度膨胀,经济活动的日趋活跃,导致许多国家面临严重缺水问题。由此,联合国将每年的3月22日定为"世界水日",呼吁各国重视水意识,推动对水资源进行综合性统筹规划和管理,加强水资源保护。

不仅现代如此,中国自古重视水利,派官吏专管治水。可见水虽然是我们生活中最常见的物质,但它在我们生活中所占的比重是极大的。

如果举国上卜的河水全都变成血,这无疑是件惊天动地的事件。埃及君王和百姓就是面临了这种巨大的灾难,一夜之间,饮用水的源头——埃及全国的河流都变成了血。

法老王虽亲眼目睹埃及的河水变成血的神迹,却因自己手下的术士们也能将水变成血,就硬着心,不肯回转。

神以祂大能的彰显，证明祂自己是活神、真神，但法老却因心地顽恶，坚持否认神，并将神迹归为巧合，从而照神公义的法则，遭受了与他自己的恶相称的灾祸。

摩西、亚伦就照耶和华的吩咐，在法老和臣仆眼前举杖击打河里的水，河里的水都变作血，河里的鱼都死了，河也腥臭了，埃及人就不能吃这河里的水，埃及遍地都有了血。

于是，埃及人都在河的两边挖地，要得水喝，深受其苦。这就是神借着摩西降于埃及的第一灾。

血灾的属灵意义

那么，血灾所包含的灵意是什么呢？

埃及绝大部分国土是沙漠和旷野，故水源十分匮乏。可这次埃及君王和百姓赖以生存的河水都变成了血，水源紧缺，苦不堪言，此况刻不容缓。

不仅是饮用水和生活用水难求，连水中的鱼类也都死光，腥臭熏天，他们在生活上遭遇诸多不便，十分痛苦。

由此可见，"血灾"所代表的灵意是：我们因与生活息息相关的问题而受苦，即指我们因着家人、朋友、同事等与我们亲近之人或周围的人遭受试探，经历烦恼的事和痛苦的事。

若将此与信仰生活联系起来思考，就是来自包括亲友、父母或邻舍等最亲近之人的逼迫或试探。当然，对信心大的人而言，要胜过这种逼迫或试探相对比较容易，但对初信徒或信心不足的人来说，却是十分痛苦的事。

试探临到行恶的人身上

人遭受试探的原因可分为两种。其一是因为没有遵行神的道。此时，他只要迅速悔改归正，神必使试探离开他。

雅各书1章13节-14节记载道："人被试探，不可说：'我是被神试探'；因为神不能被恶试探，他也不试探人。但各人被试探，乃是被自己的私欲牵引、诱惑的。"

意思是：我们受仇敌魔鬼、撒但的试探，遇到难处，都是因为被自己的私欲所牵引、诱惑，不活在神的话语里面。

其二是撒但针对努力虔诚信神、对主发出热心的人进行亵渎和搅扰。这是撒但对信心不足的人进行的试探，为要使他们离弃真道。

此时若优柔寡断，动摇妥协，非但问题得不到解决，反而困难加重，蒙福的希望越发渺茫。甚至连仅有的一点信心也丧失殆尽，重会迷恋世界。

这两种情况都是因自己的恶所导致的，因此只要殷勤省察自己，认罪悔改，转离恶道，并且凭信心祷告，谢恩，就能克服试探。就像摩西的蛇吞掉行法术的变出来的蛇一样，撒但的世界也在神的掌管之中。

神起初呼召摩西的时候，在他面前行了一件神迹，当摩西顺从神的吩咐，把杖丢在地上时，杖就变作蛇，他又伸手拿住蛇的尾巴时，蛇就在他的手中变为杖（出埃及记4章4节）。这表明我们即使因撒但的亵渎而遭受试探，只要显出信心的凭证，专心倚靠仰赖神，神就使我们恢复原状。

反之，适当妥协的信仰不是真正的信仰，这样的人是无法经历到神的作工。面对试探，我们唯独专心倚靠神，才能经历到神的权能，大获全胜。

万事尽在神的掌管之中。因此无论大事小事，我们都要全靠永活的真神，全然遵行祂的话语，这样必能胜过一切的试探。在神没有难成的事。凡信靠祂的人，必蒙凡事亨通的祝福。

但重要的是，遇到小灾容易恢复原状，大灾则不容易完全复原。因此我们应当时常用真理之道省察自己，除去各样的恶事，遵行神的话语，以免遭遇灾殃。

有信心的人受试探是要得祝福

有时会有一些特例，就是那些无邪恶并且信心大的人也会遇见试探。使徒保罗、亚伯拉罕、但以理及其三友、耶利米等古人先知也受过试探，甚至耶稣也三次受过魔鬼的试探。

有信心的人受试探，必得祝福的结局，他们应当欢喜和感恩，并要专心倚靠神，终究必蒙神赐福，归荣耀于神。

有信心的人通过了试探就会蒙祝福，即便没有通过，也不会遭受灾殃。因为灾殃是有过错的人所受的。

比如说使徒保罗为主受了许多逼迫，但借此他得到了更大的能力，被誉为外邦人的使徒，成为罗马福音化的领军人物。

但以理先知在奸臣们出于嫉恨的阴谋陷害面前丝毫也没有妥协，照常向神祷告谢恩，一心一意走正道。他虽最后被扔进狮子坑中，但因蒙神保守而毫发无损，使神的名大得荣耀。

耶利米为自己的民族和百姓甚为哀伤，流泪呼吁他们转离恶道，归向神。他为此被打、入狱，受了许多的苦。但在耶路撒冷被巴比伦王尼布甲尼撒所沦陷，众民被掳、被杀的情形中，耶利米不仅保全性命，还受到王的恩待。

当神试验亚伯拉罕，命他献独生子以撒为燔祭时，亚伯拉罕也凭着信心顺从神，从而得到灵魂兴盛，凡事兴盛的祝福——他不仅得称为神的朋友，甚至受到君王的敬重。

总之，人受试探是因着自身的恶。但也有例外，就是神所认定的人也会受到试探，但这是神对他们信心的考验，其结局就是祝福。

蛙灾

河水变成血已满了七日，但法老的心仍是刚硬，不肯回转。因为他的术士们也在他眼前变水为血，他就不肯接纳摩西的要求，放以色列百姓走。

法老作为一国之君，理所应当顾念百姓的疾苦和安危，但他因心地顽梗，转身进宫，不把此事放在心上。法老的顽梗，招致又一轮灾殃。

　　"河里要滋生青蛙，这青蛙要上来进你的宫殿和你的卧房，上你的床榻，进你臣仆的房屋，上你百姓的身上，进你的炉灶和你的抟面盆，又要上你和你百姓并你众臣仆的身上。"（出埃及记8章3节-4节）

　　亚伦照着神吩咐摩西的，伸杖在埃及的诸水之上，无数的青蛙就从水中上来，遮满了埃及全地。埃及行法术的也用他们的邪术照样而行，叫青蛙上了埃及地。

　　青蛙大约有四百多种，除南极大陆以外，世界各地均有分布，体积最小的有2.5厘米，大的有30厘米。

　　虽有人把青蛙当作美食享用，但大多数人见到青蛙都会感到恶心，甚至惊骇，想要回避。青蛙双眼暴突，无尾，后脚趾间有膜相连，表皮总是湿漉漉的，令人反感。

　　如此令人生厌的青蛙成群结队地从水里上来，遮满了埃及全地。它们进房屋，入卧室，上餐桌，到处活蹦乱跳。在这种情形下，埃及人吃饭焉能有味，睡觉岂能安稳，安有片刻歇息的机会！

蛙灾的属灵意义

那么，蛙灾所包含的灵意是什么呢？

启示录16章13节里记载："我又看见三个污秽的灵，好象青蛙，从龙口、兽口并假先知的口中出来。"青蛙属于《圣经》旧约中提到的可憎的禽兽，就属灵的意义说，则是指撒但。

青蛙进法老的宫殿，入臣仆的房屋，上百姓的身上，这表明：灾殃临到所有的人，不分身份高低。

而且，青蛙上了床榻，是表明卧房里出现问题，即夫妻之间发生变乱。

例如：妻子信耶稣基督，殷勤出席教会，有一天丈夫有外遇被妻子知道了，丈夫就借口说："我有外遇，都是因为你去教会。"

此时，妻子若相信丈夫将夫妻不和的原因归咎于教会的无理托词而远离神，那么这就是撒但在他们的卧室里挑起了纷乱。

人遭遇这种灾殃，归根结底也是因着他自身的恶。他们貌似信仰虔诚，可一旦遇见试探，就心里摇动，信心和盼望尽丧，喜乐与平安皆失，面对现实惊惧慌乱。

不过，那些盼望天国、具有爱神的心和信心的人，会甘心忍受在世的苦难，赢得蒙福的人生。

青蛙还进了炉灶和抟面盆，这里"抟面盆"意味着我们日用的饮食；"炉灶"则意味着我们的工作和事业。总意就是撒但祸及人的家庭、工作、事业，甚至日用的饮食，将人推向窘迫的地步。

此时，有的人会认为自己遭遇试探是因为信耶稣的缘故，以致为试探所胜，重又与世俗为友。其结果是偏离永生之路，丧失救恩。

但他若承认自己受苦是因信心不足和行恶的缘故，并悔改归正，撒但就会离他而去，不再搅扰，困难也随之化解。对一个真正有信心的人而言，无论任何试探或灾殃都不成问题。即使遇到试探，他们也会以喜乐和感恩的心去面对，而且警醒祷告，一切问题便化为乌有。

"请你们求耶和华使这青蛙离开我和我的民，

我就容百姓去祭祀耶和华。"（出埃及记8章8节）

法老因席卷埃及全地的蛙灾而招架不住，就向摩西和亚伦恳求让青蛙离开他和他的民。于是摩西向神祈求，神就照摩西的话行，凡在房里、院中、田间的青蛙都死了。

众人把青蛙聚拢成堆，遍地就都腥臭，不过他们总算得着了喘息的机会。

然而，蛙灾松缓，痛苦消失，法老再度改变了主意。

法老曾经发誓：只要使青蛙离开我们，我就容百姓去，但他自食其言，出尔反尔，反复无常。

"但法老见灾祸松缓，就硬着心不肯听他们，正如耶和华

所说的。"（出埃及记8章15节）

"硬着心"表示法老的心冷酷而顽梗。法老虽屡次亲历神的大能，却仍坚持拒绝摩西的请求，从而他必须要面对另一轮重灾。

虱灾

神对摩西说："你对亚伦说：'伸出你的杖击打地上的尘土，使尘土在埃及遍地变作虱子(或作"虼蚤"。下同)。'"

摩西和亚伦就照着行，于是埃及遍地的尘土都变成了虱子，人身上和牲畜身上都有了虱子。行法术的也用邪术要生出虱子来，但这次却是不能，便醒悟这是人所不能行的，于是向法老如实禀告：

"这是神的手段。"（出埃及记8章19节）

至此，术士们借着障眼法或邪术模仿神迹——变杖为蛇、变水为血、引蛙上岸。但之上的他们凭邪术就无能为力了。

于是他们不得不承认摩西所彰显的事都是出于神的权能。尽管如此，法老仍是硬着心，不肯听摩西的话。

虱灾的属灵意义

虱子是一种寄生在人或动物身上靠吸血维生的寄生虫，习性污秽肮脏。虱子寄生于人的头部、衣物或动物的皮毛等处，其种类多达三千三百多种。

虱类叮咬人体时，分泌的唾液进入人体皮肤内使皮肤发痒。它又是传播流行性斑疹、伤风、虱传回归热等的主要媒介。

如今随着人们生活水平的提高，虱子已经几乎绝迹，但过去卫生条件很差的时侯，人们身上有很多虱子寄生。

那么，虱灾具体意味着什么呢？

经上说：是地上的尘土变作虱子。尘土是极微小的物质，轻得一吹即散。其颗粒直径通常为3到4毫米，小的有0.5毫米。

无生命且微不足道的尘土变成以吸血为生的虱子，叮咬致人皮肤发痒，令人烦躁难受，这就是虱灾，相当于一些隐而未现、潜在的微乎其微的小事突然间化作大事，给人带来痛苦。

痒，虽然比其它疾病痛苦较小，但经历过的人都知道那是何等令人烦躁和难熬。而且，虱子寄生于不干净的地方，所以虱灾便临到那些有潜在之恶性的人。

例如：兄弟之间或夫妻之间的小小的争执，有时会发展成口水大战；无意中提及一件微不足道的往事，竟惹出剧烈纷争，这些都属于虱灾。

另外，心里隐藏的猜忌或嫉妒等恶性衍生仇恨；忍不住怒气而大发雷霆；为了掩盖小小的谎言而说更大的假话，以图圆谎等事均属于虱灾。

除此之外，恶性潜藏，心里痛苦，觉得信仰生活艰难，便会导致一些微疾小病乘虚而入，这也是属于虱灾。如果我们突然发烧、感冒，发生轻微的争执或暴露一些小问题，就应当及时省察自己，立刻悔改归正。

那么，虱子上了牲畜身上意味着什么呢？牲畜乃为活物。当时家畜与土地一样，可以作为衡量财富的尺度。当时无论君王、臣宰，还是黎民百姓，都拥有私有土地、葡萄园和牲畜。

如今我们的所有是什么？是房屋、土地、事业、工作，甚至包括家属。牲畜是活的，因此牲畜意味着与我们同居的家属。

人和牲畜身上都有了虱子，这意味着小事化大，连自己带家人都一起受苦。

因父母的过错而子女受苦，或因妻子的过犯而丈夫遭难等均属此例。

我们可以看到有些小孩子身患异位性皮肤炎或其它皮肤病而深受其苦。

这些病，是以轻微的发痒为起头，迅速蔓延到全身，以至疮口溃烂，脓水渗出，甚者从头到脚皮肉溃裂，脓血粘连，终日不得安宁。

当父母经历这些事，往往表露自己的心境说：眼睁睁地看着儿女受苦，却一筹莫展，无能为力，心急如焚、宛如刀割。

父母发脾气述会导致小孩子突然发烧。总之，小孩子患病的原因大多都是因父母的过错。

此时，父母只要省察自己的信仰，对自己轻忽使命或与人不和等违背神旨意的事认罪悔改，孩子很快就会康复。

我们从中可以悟出这样一个道理，就是神允许这些事发生在我们身上，也都是出于祂的慈爱，是要叫我们发现自己的过错并悔改归正。虱灾的起因是因我们身上有各样的恶事，因此即使遇到小事，我们也不能将其归为偶然，而必须要发现我们里面的恶，迅速悔改归正。

第四章

蝇灾、瘟疫、疮灾

> "你若不容我的百姓去，
> 我要叫成群的苍蝇到你和你臣仆并你百姓的身上，
> 进你的房屋，
> ……你若不肯容他们去，仍旧强留他们，
> 耶和华的手加在你田间的牲畜上，
> 就是在马、驴、骆驼、牛群、羊群上，
> 必有重重的瘟疫。
> ……因为在他们身上和一切埃及人身上都有这疮。"
> （出埃及记8章21节-9章11节）

埃及的术士们看到虱灾就承认那是神的权能，然而法老却仍心里刚硬，不肯听从摩西的话。至此神通过摩西屡次显现大能，给法老提供了十分可信的凭据，但法老却自以为是神，依仗自己的权势与能力，对神的命令不屑一顾。

尽管各种灾殃接踵而至，法老的心却是越发刚硬，以致灾殃的强度越发加大。到虱灾为止，人的状况比较容易恢复，只要回心转意即可，但其后的灾殃就越来越难以解决，以至落到无可挽救的地步。

蝇灾

摩西遵照神的吩咐，清早起来到法老面前，再次传达神的旨意：

"……容我的百姓去，好事奉我。"（出埃及记8章20节）

法老仍不肯听从摩西的话，从而招致蝇灾，成群的苍蝇进法老的宫殿和臣仆的房屋；埃及遍地就因这成群苍蝇败坏了。

苍蝇属于害虫，是传播痢疾、伤寒、霍乱、结核病、麻风病等传染病的主要媒介。常见的家蝇多以腐败有机物为食，因此常见于卫生较差的环境，繁殖于排泄物、垃圾场等处。它们消化作用也异常地快，每分钟排便四、五次。

因此，通过苍蝇这个媒介，排泄物中的各种病原体会侵入人体内。苍蝇取食时要吐出嗉囊液来溶解食物，其习惯是边吃、边吐、边拉，而且它还有时不时地"搓脚"的坏习惯，这些恰好是传播病原体的有利因素。因此，说苍蝇是传播传染病的"罪魁祸首"，一点也不为过。

随着医学的发达，如今可以防治苍蝇引起的各种传染病，因此其危害程度也已大大降低，但在古代，这些传染病一旦流行起来，会夺走许多人的性命。就算苍蝇不传染疾病，人也会忌讳吃它"涉足"过的食物，因为它来往生息于肮脏污秽的地方。

就是这些污秽不堪的苍蝇成了大群，黑压压地覆盖埃及全地，百姓所受之苦何等巨大，可想而知！不用说受灾，仅仅看到那种场面，也会令人心惊胆战。

因着铺天盖地的蝇灾，埃及全地都被败坏了，这意味着法老王和埃及人的罪孽已满了那地。

然而，神保守以色列百姓所住的歌珊地，使那里没有成群的苍蝇，以此作为神分别以色列百姓和埃及百姓的记号。

"你们去，在这地祭祀你们的神吧！"（出埃及记8章25节）

神在降第一轮灾殃之前，就已经吩咐法老容以色列百姓到旷野为祂献祭，但法老却只容他们在埃及地祭祀他们的神。于是摩西拒绝法老的要求，并说明其理由：

"这样行本不相宜，因为我们要把埃及人所厌恶的祭祀耶和华我们的神；若把埃及人所厌恶的在他们眼前献为祭，他们岂不拿石头打死我们吗？"（出埃及记8章26节）

摩西陈明必要走三天的路程到旷野献祭的缘由，并放胆申明他们决然要遵照神的吩咐而行。于是法老容他们在旷野祭祀耶和华神，但不许走的太远，而且还求他们为自己祈祷。

摩西便告诉法老这成群的苍蝇明日必然离开他们，并嘱咐他不可再行诡诈，不容以色列百姓去祭祀耶和华。

经摩西的祈求，成群的苍蝇离开法老及其臣仆和百姓。但这一次法老又硬着心，不容百姓去。我们由此可以看出法老卑劣、怯懦与狡诈的心态，并能得知他遭灾的必然原因。

蝇灾的属灵意义

苍蝇生于肮脏污秽之处，传播各种传染病。照样，人若心里邪恶、污秽，就会口出恶言，由此招致各种疾病或问题。这就是蝇灾。

这种灾殃，不仅发生在当事人身上，也会发生在其儿女、丈夫、妻子身上或工作事业上。马太福音15章18节-19节说："惟独出口的，是从心里发出来的，这才污秽人。因为从心里发出来的，有恶念、凶杀、奸淫、苟合、偷盗、妄证、谤讟。"

人的言行都是由心发出的。善美之言出自良善之心；不洁之语出自污秽之心；谎言、谗言、恼怒、恨人等言行出自诡诈、虚浮、恼恨的心。

而且，背后议论、论断定罪、谩骂诅咒也均出自邪恶而污秽的心。因此，马太福音15章11节说："入口的不能污秽人，出口的乃能污秽人。"

不信神的人也强调言语的重要性，故有"话一出口，覆水难收"、"君子一言，驷马难追"等说法。

的确，话一旦说出口，就不能再收回，尤其在主里面，口中的告白是极为重要的。我们口里所出的话就是决定正面结果和负面结果的关键之所在。

如果得了感冒或轻微的传染病，便是遭受虱灾，只要悔改归正，就能立刻得到医治，但从蝇灾开始，即使悔改也不会立刻痊愈。因为它们有别于虱灾，是因大恶所致，所以必须要受到相应的报应。

因此，当遭遇蝇灾时，应当对自己曾说过的恶言，进行彻底的认罪悔改，这样才能病得医治，问题得以化解。

《圣经》中也可以找到因口出恶言而遭报的人物。以色列第一任国王扫罗之女、大卫之妻米甲就是其例。撒母耳记下第6章记载大卫将神的约柜搬入营中之后，高兴之余，在神面前倾其全力踊跃跳舞的场面。

约柜乃为神临在的象征，士师时代被非利士人所夺，后来又重新讨了回来，但未能进入会幕，临时放在基列耶琳，长达七十年。大卫即位之后，约柜终于被安置在耶路撒冷的会幕中，当时大卫自然喜出望外，情不自禁。

不仅大卫如此，所有以色列民都一同欢喜快乐，将赞美与荣耀归于神。米甲目睹这一情形，理当同欢同庆，可她却反而轻蔑大卫王。

"以色列王今日在臣仆的婢女眼前露体，如同一个轻贱人无耻露体一样，有好大的荣耀啊！"（撒母耳记下6章20节）

此时，蒙神厚爱的大卫向她表示：

"这是在耶和华面前；耶和华已拣选我，废了你父和你父的全家，立我作耶和华民以色列的君，所以我必在耶和华面前跳舞。我也必更加卑微，自己看为轻贱。你所说的那些婢女，她们倒要尊敬我。"（撒母耳记下6章21节-22节）

口出恶言的米甲受了咒诅，直到死日，没有生养儿女。

人活在世上，用舌头犯许多罪，但却往往对此执迷不悟。他们尽管因口里所犯的罪而遭到报应，导致事业、工作、家庭出现诸多问题，却仍蒙在鼓里，不知其因。神在《圣经》中也多次强调言语的重要性。

"恶人嘴中的过错，是自己的网罗，但义人必脱离患难。人因口所结的果子，必饱得美福，人手所作的，必为自己的报应。"（箴言12章13节-14节）

"人因口所结的果子，必享美福，奸诈人必遭强暴。谨守口的，得保生命；大张嘴的，必致败亡。"（箴言13章2节-3节）

"生死在舌头的权下，喜爱它的，必吃它所结的果子。"（箴言18章21节）

我们应当醒悟：我们口中的恶言，会导致可怕的结局。因此，我们要常说肯定的告白、信心的告白，只说善美、仁义、光明的言语，做智慧人。

瘟疫之灾

埃及王法老虽遭遇蝇灾，饱受痛苦，却仍硬着心，不肯放走以色列民，神便将更重的灾——瘟疫之灾降于埃及。神这次也照样在降灾之前差遣摩西到法老面前传达祂的旨意。

> "你若不肯容他们去，仍旧强留他们，耶和华的手加在你田间的牲畜上，就是在马、驴、骆驼、牛群、羊群上，必有重重的瘟疫。耶和华要分别以色列的牲畜和埃及的牲畜，凡属以色列人的，一样都不死。"（出埃及记9章2节-4节）

神限定明日为将灾日期，是要叫法老醒悟这些灾殃并非出于偶然，而在乎神的大能。神不断地给法老回转的机会。

如果法老有一点愿意承认神能力的心，那天夜里他一定会回心转意，就不会遭受更大的灾祸了。

但他没有回心转意，便有重重的瘟疫降在埃及全地，田间的牲畜，即马、驴、骆驼、牛群、羊群几乎都死了。

然而，以色列人的牲畜连一个都没有死，借以显明神是活着的神，是信守诺言的信实的神。法老虽然比谁都清楚这一事实，但他的心却是固执，还是不容百姓去。

瘟疫之灾的属灵意义

瘟疫是难以医治的重传染病，由内悄然而发，以至危及生命，多发于家畜身上。因着瘟疫之灾，埃及田间的一切牲畜几乎都死了，其损失之巨大，可想而知。

例如：十四世纪中叶蔓延于欧洲的黑死病，源于野生松鼠或老鼠身上的鼠疫病毒，是跳蚤携带了鼠疫传染给人类所造成的。这场瘟疫夺走了上千万人的性命。

由于当时医学并不发达，人们生活水平也较低，再加上此病具有强烈的传染性，从而导致了许多人丧命的结果。

从前牛、马、绵羊、山羊等家畜是村民最大的财产。对当时的埃及君王、臣仆、百姓而言，牲畜同样也是他们主要的财产。牲畜是活的，因此相当于如今在家庭、工作、事业上与我们同居、共处的家属。

埃及的牲畜遭受瘟疫之灾，是因着法老王积恶甚多的缘故。因此，瘟疫之灾所代表的的灵意是：由于人积恶甚多，神向其掩面，其家属身患恶疾。

例如：因父母悖逆神的缘故，心爱的儿女患上不治之症；由于妻子或丈夫行恶，从而引起对方生病。人若遭遇这种灾殃，应当立刻省察自己并与家人一同悔改归正。

出埃及记20章4节以下记载：父母拜偶像，会导致其罪的报应延续到三四代。

当然，慈爱的神不会无条件地报应人。子孙若因心地良善而接受神，并且以信为本，虔诚度日，他就不会受到父母或祖辈罪孽之报应。

不过，儿女若在从父母传承恶性的状态下，继续行恶，充满自己的恶贯，他必然会受到罪的报应。拜偶像甚重的家庭里出生的孩子，大多患有先天性障碍或精神疾病。因为拜偶像是神极为憎恶的事。

家里贴符咒，烧香供佛，或者出卖自己的灵魂，记名于寺庙等，这些都是严重的拜偶像行为。这样的人，即使他本人不受灾，也会殃及自己的儿女。

因此，我们应当时常住在真理里面，免得父母的罪孽转嫁于自己身上。如果家人得了难以治愈的疾病，就应当查验这是不是我们的罪孽所造成的。

疮灾

法老看到埃及的牲畜都死去，就派人察看以色列人所住的歌珊地，谁知，以色列人的牲畜连一个都没有死。

这分明是神大能的明证，不容置疑，可是法老却仍硬着颈项，不容百姓去。

"法老打发人去看，谁知，以色列人的牲畜连一个都没有死。法老的心却是固执，不容百姓去。"（出埃及记9章7节）

于是神又吩咐摩西取几捧炉灰，要在法老面前向天扬起来。摩西遵命而行，这灰在埃及全地变作尘土，在人身上和牲畜身上，成了起泡的疮。

"疮"是指恶性疮疖或疮痕之类，一般以轻微的炎症起头，逐渐恶化，伤口肿胀发硬，以至溃烂流脓。重者需要动手术，疮口大的甚至达10公分，由里到外渐渐溃烂积脓肿胀，伴有高烧，伤寒等症状，有的连走路都困难，痛苦不堪。

这样的疮发生在埃及人和牲畜身上，连行法术的也未能幸免，便在摩西面前站立不住。

瘟疫之灾发生时，只有牲畜受害，但这次疮灾连人带牲畜都深受其害。

疮灾的属灵意义

若说瘟疫是不显于外部的内在的病，那么疮则是内病加深以至外显的病。

比如：小小的癌块渐渐生长，以至外显。俗称中风的脑出血或肺病、艾滋病等也属此类。

这样的疾病多发于性情顽恶之人身上。虽因人而异，但患这些病的人通常都表现为易怒，骄傲，不饶恕别人的过犯，唯我独尊，固执己见，藐视别人。这些都是因缺少爱心的缘故。这就是他们遭受灾殃的原因。

偶尔可以看到貌似温柔良善的人遭受那种病苦，对此有人或许感到诧异。然而，应当知道：这些患者在人的眼里看似温柔，但察看人肺腑心肠的神看来却非如此。

抑或本人并不刚硬，那么很可能是其父母或祖辈在神面前犯了大罪（出埃及记20章5节）。

如上述的情况，因家人的原因临到灾殃时，需要全家人一同认罪悔改，这样就能脱离灾殃。如果这个家庭通过此事变成美好和睦的家庭，这灾祸对他们而言反而是一种祝福。

神凭着公义掌管人类的生死祸福，因此没有原因的灾殃是不存在的（申命记28章）。

但要知道，虽说儿女受疮疾之苦是因父母或祖辈犯罪的缘故，但根本的问题其实是在儿女身上。

即使父母犯了拜偶像的罪，如果作儿女的活在神的话语里面，他必蒙神的保守，不会遭受灾殃。

父母或祖辈拜偶像的罪神必追讨，直到三四代，但其后代子孙若是遵行神的话语，活在真理里面，公义的神必会保守他们免遭一切的灾殃。

神就是爱。祂视一个灵魂比天下宝贵。祂愿所有的人活出真理，得到救恩，过得胜的生活。

因此，神允许人经历灾殃，并不是要使人灭亡，乃是要等待人悔改归正。这也是神慈爱的体现。

前面所提到的血灾、蛙灾、虱灾是撒但所带来的，但相对而言比较轻，因此人只要悔改归正，就很容易摆脱。

相比之下，蝇灾、瘟疫之灾、疮灾就更重了，是与身上的疾病相关，所以若要克服这些灾殃，必须做到撕心裂肺的痛悔（参照主题讲道集《耶和华是医治者》）。

因此，当遭受灾殃时，在归罪于别人之前，首先要用神真理之道对照自己，认清自己在哪些方面得罪神，并诚然认罪悔改，做智慧人。

第五章

雹灾、蝗灾

"摩西向天伸杖,
耶和华就打雷、下雹,
有火闪到地上,
……摩西就向埃及地伸杖,
那一昼一夜,耶和华使东风刮在埃及地上。
到了早晨,东风把蝗虫刮了来。……。"
(出埃及记9章23节-10章20节)

　　父母若是真正爱自己的儿女,当儿女偏离正路时候,就会严厉训戒,只要能够使儿女改邪归正,就是鞭笞杖责也在所不惜。

　　当儿女不听劝言时,爱儿女的父母会采取鞭笞杖责的手段,这样,儿女虽然暂时受苦,但可以将父母的训诲刻骨铭心,痛改前非。然而,此时父母的心情会比儿女更痛苦。

　　神向积累恶行的儿女掩面并允许他们受灾,也是出于祂的慈爱,是要叫他们因着苦难,能够自我反省,悔改归正。

雹灾

神要折服法老，只需降一次重灾即可。但神对法老和他的百姓恒久忍耐，将祂的大能显给他们看。他们仍不肯回转，神又通过由轻到重的灾殃，耐心开导他们醒悟自己的罪。

"我若伸手用瘟疫攻击你和你的百姓，你早就从地上除灭了。其实我叫你存立，是特要向你显我的大能，并要使我的名传遍天下。你还向我的百姓自高，不容他们去吗？到明天约在这时候，我必叫重大的冰雹降下，自从埃及开国以来，没有这样的冰雹。"（出埃及记9章15节-18节）

灾殃愈演愈烈，法老却越发心高气傲，目空一切，不肯容以色列百姓走，神就允许他们遭受第七灾，即雹灾。

神向法老宣告要降重大雹灾于他们，并称这是自从埃及开国以来，从未有过的冰雹。同时提前警告他们要把田间的牲畜和人都催进屋里，否则凡在田间不收回家的，无论是人是牲畜，冰雹必降在他们身上，他们就必死。

法老的臣仆中由于历经各种灾殃而惧怕神的，便把他们的奴仆和牲畜都招回了家里。但那仍不惧怕神的，却不把神的话放在心上。

"但那不把耶和华这话放在心上的，就将他的奴仆和牲畜留在田里。"（出埃及记9章21节）

次日，摩西向天伸杖，神就打雷下雹降火在埃及地上。雹击打了田间所有的人和牲畜，并一切的菜蔬，又打坏田间一切的树木，可畏是举世罕见的重灾。

出埃及记9章31节-32节说："那时，麻和大麦被雹击打，因为大麦已经吐穗，麻也开了花。只是小麦和粗麦没有被击打，因为还没有长成。"

雹与火掺杂，来势凶猛，埃及全地受到重创，惟独以色列人所住的歌珊地却是安然无恙。

雹灾的属灵意义

冰雹的袭击总是出人意外的。但下雹有一个特点，就是降于部分地区，而非同时降于全国。

因此，雹灾是指大事发生于局部，不会造成全面毁坏。

另外，雹与火掺杂，击打人和牲畜置于死地，并打坏了田间一切的菜蔬和一切的树木，导致无食可寻，相当于如今人们遇到意外的事故或灾祸，损失巨额财产。

因公司或单位发生火灾或出意外之事而遭受大损失，或家属中有谁患病或出事故而意外地花费许多钱财，这些都可称得上是雹灾。

比如说：一个人本来对主的信仰很虔诚，但后来因财迷心窍，开始偶尔缺席主日礼拜，最终干脆就不守主日了。

从此他就无法得到神的保守。由此他会因事业上碰到的意外的大问题，或因遭遇车祸等意外事故，或因生病而花费巨额钱财，这些都是属于雹灾。

大多数人爱财如命。然而，经上说"贪财是万恶之根"（提摩太前书6章10节）。的确。杀人、抢劫、拐卖、暴力等众多犯罪都是贪财所引起的。兄弟之间的不和或邻居之间的纷争也不例外。国与国之间发生冲突的最大原因也在争取物质利益——扩张领土、占有资源。

有些信主的人因胜不过金钱的引诱而不守主日或不献十分之一，脱离信仰轨道，远离救恩。这样，有很多人因贪爱钱财的缘故，赔上了自己属灵的生命。

受冰雹的袭击，一切植物几乎都被毁掉。雹灾就是相当于如今人们在极为珍惜的财物上蒙受巨大损失。但就像冰雹降于局部地区一样，不会失去全部的财产，这是雹灾的特点。

神之所以使人不至于一次性损失全部财产，是因为若是这样，人会自暴自弃，自寻短见。单单通过这件事，我们也能感受到神的慈爱。

虽是局部受灾，但因其强度很大，人可以从中醒悟自己的过错。当时降于埃及的冰雹大得异乎寻常，降下的速度也极为猛烈。

偶尔可以听到某个地方受到高尔夫球或拳头大小的冰雹袭击的新闻，令人颇为震惊。更何况当时在神特别的旨意下降于埃及雹灾呢？当时冰雹搀杂着火从天而降，来势之凶猛，声势之浩大，令人心惊胆战。

埃及遭受雹灾，是因他们的君王顽冥不化而继续行恶的缘故。因此，我们若是心地刚硬顽梗，不肯听从神，也会像法老那样遭受"雹灾"。

蝗灾

因着雹灾，树木和菜蔬尽被毁坏，田间所有的人和牲畜都死了，这下法老终于承认自己的错。

"这一次我犯了罪了，耶和华是公义的，我和我的百姓是邪恶的。"（出埃及记9章27节）

法老慌忙认罪，请求摩西止息雹灾：

"这雷轰和冰雹已经够了。请你们求耶和华，我就容你们去，不再留住你们。"（出埃及记9章28节）

摩西知道法老仍未回心转意，但他还是向神举手祷告，是要让法老和其百姓都知道神是活神、天下国度乃至全世界的所有都是属乎神的。

果然不出摩西所料，法老见雨、雹与雷止住，就再次硬着心，不容以色列人去。

法老的臣仆们也跟法老一样心地顽梗。于是摩西和亚伦照着神的吩咐向法老宣告：埃及将要面临有史以来从未有过的重大蝗灾。

"你若不肯容我的百姓去，明天我要使蝗虫进入你的境内，遮满地面，甚至看不见地，并且吃那冰雹所剩的和田间所长的一切树木。"（出埃及记10章4节-5节）

法老的臣仆们看到埃及面临亡国的危机，就对法老说："这人为我们的网罗，要到几时呢？容这些人去，事奉耶和华他们的　神吧！埃及已经败坏了，你还不知道吗？"

法老听了臣仆的话，有些动摇，就召了摩西和亚伦来。法老一听摩西说要把男女老少并羊群牛群都一同带去，向耶和华守节，就说他们心存恶意，并把他们撵出去了。

神便允许第八灾——蝗灾临到埃及。

"耶和华对摩西说：'你向埃及地伸杖，使蝗虫到埃及地上来，吃地上一切的菜蔬，就是冰雹所剩的。'"（出埃及

记10章12节）

摩西顺从神的吩咐，向埃及地伸杖，东风昼夜不停地刮在埃及地上，把无数的蝗虫刮了来。

蝗虫上来，落在埃及四境，遮满地面，甚至地都黑暗了。蝗虫把冰雹所剩的地上一切的菜蔬以及树上的果子都吃光了，使得埃及遍地连一点青的也没有留下。

"于是法老急忙召了摩西、亚伦来，说：'我得罪耶和华你们的神，又得罪了你们。现在求你，只这一次，饶恕我的罪，求耶和华你们的神，使我脱离这一次的死亡。'"（出埃及记10章16节-17节）

法老看见自己半信半疑的事变为现实，就急忙召了摩西、亚伦来，恳求他们止息蝗灾，饶他一死。

摩西就离开法老去求神。于是神用强烈的西风把蝗虫刮起，吹入红海，在埃及的四境连一个也没有留下。但法老这次也照样硬着心，不容以色列人去。

蝗灾的属灵意义

蝗虫不过是微不足道的昆虫，然而一旦成群，就具有超强的破坏力。由于蝗虫的侵袭，埃及国顷刻间濒临灭亡的边缘。

"蝗虫上来，落在埃及的四境，甚是厉害，以前没有这样的，以后也必没有。因为这蝗虫遮满地面，甚至地都黑暗了，又吃地上一切的菜蔬和冰雹所剩树上的果子。埃及遍地，无论是树木、是田间的菜蔬，连一点青的也没有留下。"（出埃及记10章14节-15节）

如今在非洲或印度等地也能看到这种情形。数以亿计的蝗虫，成群结队，覆盖上百平方英里，遮天蔽日。它们快速地移动，它们经过的地方——无论是农田、野地，还是树林，瞬间变成荒凉的不毛之地。

雹灾过后还有些东西残留，还没有长成的小麦和粗麦没有被击打，还有法老的臣仆中因惧怕神言而将奴仆和牲畜招进屋里的也都免受其害。

然而，蝗灾貌似无足轻重，但其危害程度远远超过雹灾，它会把雹灾所剩的一扫而光，令人束手无策。

因此，"蝗灾"是指一切所有的尽被毁掉，仅剩的财物也消失殆尽，以至两手空空；不仅是家庭，连工作、事业也遭到毁灭性的打击。

"雹灾"会毁掉部分财产，但"蝗灾"则会连仅剩的备用资金也一扫而光，使人倾家荡产，彻底败落。

代表性的例子是：因公司倒闭破产，妻离子散，疾病缠身，以至一贫如洗，或者因儿女误入歧途而陷入债台高筑的境地。

当这样的灾殃经久不止时候，有的人会怀疑这是人为的，或者是偶然的，但在神里面没有偶然和巧合。无论你是受到亏损还是患上疾病，都必有其原因。

那么，一个信神的人为何还要遭遇这种灾殃呢？一个人虽然信神，并且听道而得知神的旨意，却不谨遵慎行，跟不信神的人一样犯罪作恶，灾殃必然临到他的身上。

对屡次三番受管教也不肯回转的人，神是不能保守他的。于是疾病在他身上渐渐滋长，继而有瘟疫之灾或疮灾，甚至雹灾或蝗灾临到他。

然而，智慧人却不这样，他们即使遇到轻微的灾殃，也不会轻忽怠慢。他们立刻醒悟到这是神因着慈爱，要叫他发现自己的缺欠，便迅速回转，改过自新，从而免遭更大的灾殃。

我曾见过这样一个人。他因做了很多严重悖逆神的事而遭遇大患难——突如其来的火灾，使他一夜之间身负巨债。妻子不堪忍受日复一日的逼债的折磨而企图自杀未遂。但他们幸好在那时认识了神，在本教会过起了信仰生活。

他领受我的劝勉，顺从神的话语，恒切祷告，殷勤事奉，讨神的喜悦。于是问题渐渐化解，不再受逼债之困扰，进而还清债务，又盖了一座大厦，买了自己的住房。

然而，由于一切困难获解，祝福临到，他的心变了。他背弃神恩，败坏堕落，重又过起与世人无异的生活。

谁知有一天发生水灾，房屋部分被毁。后来又发生火灾，全部财产毁于一旦。他负债累累，走投无路，被迫还乡。偏又雪上加霜，患上了糖尿病，以至家道彻底败落。

如果你动用了自己全部的知识和经验，结果却是两手空空，一无所有，那么就应当降卑己心，到神面前来，用神的话语对照自己，承认错误，悔改归正，神必使你东山再起。

神就是爱，压伤的芦苇祂不折断，故当你举起失落的双手，将你一切的事全然向神交托和仰望时，神必宽恕你的过犯，使你恢复曾经失去的一切。你若真正弃暗投明，活出神光明之道，神必与你同在，再次使你凡事亨通，蒙受比先前更大的祝福。

第六章

黑暗之灾、灭头生之灾

> "摩西向天伸杖，
> 埃及遍地就乌黑了三天。
> 三天之久，人不能相见，
> 谁也不敢起来离开本处，
> 惟有以色列人家中都有亮光。
> ……到了半夜，耶和华把埃及地所有的长子，
> 就是从坐宝座的法老，直到被掳囚在监里之人的长子，
> 以及一切头生的牲畜，尽都杀了。
> ……在埃及有大哀号，
> 无一家不死一个人的。
> ……。"
>
> （出埃及记10章22节-12章36节）

我们若在患难中向神认罪悔改，必能得到神的帮助。我们从《圣经》中可以找到许多这样的例子。

南国犹大希西家王病危的时候，神差遣先知对他说："你当留遗命与你的家，因为你必死，不能活了。"然而，当他痛哭流泪向神恳求的时候，不仅病得医治，还延长了十五年的寿数。

当以色列的敌国——亚述首都尼尼微城的百姓听了先知所传的神言，诚然悔罪的时候，神也转意不降灾祸倾覆那个城。

神怜恤那些转离恶道的人。祂又遍地察寻那些求祂恩典的

人，要对他们恩上加恩。

然而，埃及的法老王因心地顽恶，屡次遭殃也不肯回转。他的心越刚硬，所遭的灾也越严重。

黑暗之灾

在生活中我们可以看到那些从来不服输的人，他们对自己的能力很有自信。法老就是这类人。他认为自己就是神，从而不愿承认神。

法老虽然看见埃及全地顷刻间因蝗灾而荒废，却仍是固执，不肯放以色列百姓走，好像要与神较力争胜。于是神降黑暗之灾于埃及。

"摩西向天伸杖，埃及遍地就乌黑了三天。三天之久，人不能相见，谁也不敢起来离开本处，惟有以色列人家中都有亮光。"（出埃及记10章22节-23节）

埃及遍地都乌黑了，伸手不见五指，谁也不敢起来离开本处。埃及人一连三日在黑暗中度过，他们当时的那种郁闷，那种不安和恐惧，是语言所难以表达清楚的。

埃及全地被黑暗所笼罩，人们在黑暗中摸索徘徊。唯独以色列百姓所住的歌珊地有光明，那里跟往常一样安宁。

法老只好再次召摩西来，说："你们去事奉耶和华，只是你们的羊群牛群要留下，你们的妇人、孩子可以和你们同去。"这是法老的伎俩，是要捆住以色列百姓的脚。

于是摩西对法老说："我们的牲畜也要带去，连一蹄也不留下，因为我们要从其中取出来，侍奉耶和华我们的神。我们未到那里，还不知道用什么侍奉耶和华。"

法老勃然大怒，对摩西说："你离开我去吧！你要小心，不要再见我的面，因为你见我面的那日，你就必死。"

摩西坦然无惧地对法老说："你说得好，我必不再见你的面了。"说罢转身离开法老出去了。

黑暗之灾的属灵意义

"黑暗之灾"从属灵的意义上讲是指死亡之前的灾殃。

这种灾殃临到那些病情恶化，病入膏肓的人，或自己爱惜如命的财产全都被毁，却仍不悔改的心地刚硬的人。

他们已是濒临死亡的边缘，好比跌入黑暗深渊无法自拔，或被逼到穷途末路、悬崖绝壁。从属灵的角度看，他们由于辜负神恩，离弃真道，从而神恩已离开他们，便断送了属灵的生命。但神还是怜恤他们，暂且还没有收取他们的性命。

不信神的人临到这种灾殃，是因为屡次遭灾也不肯信神；信神的人遭此灾殃，则是因为不行神的道，不站真理的道路，反而继续积累恶行的缘故。

因病倾家竭产，人命危浅，朝不虑夕的人，正是处于这黑暗之灾。有的人因不堪逼债重压和难以抑制的挫败感与失落感，丧失了生存的欲望，到了想要自杀的地步，这也是属于黑暗之灾。

还有的人因患有严重的忧郁症、不眠症、神经衰弱，以及因由此派生的各种神经性疾病，终日沉浸在窒息般的痛苦中，这也是黑暗之灾。但此时也不晚，只要他们发现自身的恶，并认罪悔改，就能蒙神的怜恤，摆脱灾殃。

然而，法老的心越发刚硬，不肯悔改，与神对抗到底。如今也有很多类似的人，尽管自己或自己的家人身患重病，花费了全部财产，以至濒临死亡，他们还是不肯悔改归主。

像他们这样尽管遭受众多灾殃也不肯回转，仍要与神为敌的人，最终必然迎接死亡之灾。

灭头生之灾

"耶和华对摩西说：'我再使一样的灾殃临到法老和埃及，然后他必容你们离开这地。他容你们去的时候，总要催逼你们都从这地出去。你要传于百姓的耳中，叫他们男女各人向邻舍要金器银器。'"（出埃及记11章1节-2节）

摩西冒着被处死的危险，再次站到法老面前，放胆传达神的旨意：

"凡在埃及地，从坐宝座的法老，直到磨子后的婢女，所有的长子，以及一切头生的牲畜，都必死。埃及遍地必有大哀号，从前没有这样的，后来也必没有。"（出埃及记11章5节-6节）

照此，这天夜里，埃及地一切头生的，包括法老和他的臣仆、百姓的长子，甚至一切牲畜头生的都被击杀。

这夜，在埃及全地有大哀号，因为没有一家头胎的人或牲畜不死的。由于法老直到最后都硬着他的心，不悔改，死亡之灾就临到他们身上。

灭头生之灾的属灵意义

"灭头生之灾"是指自己最疼爱的儿女，或其他家属濒临死亡或完全败坏堕落，落到无法得救的地步。

我们在《圣经》中找到这样的例子。以色列第一任国王扫罗，出于骄傲悖逆神命，不肯灭绝亚玛力人，还侵犯了只有祭司才拥有的献祭的特权，最终被神厌弃。

此时他不但不悔改自己的恶行，反而企图杀害忠义的臣仆大卫。他看到百姓拥戴大卫，就猜忌大卫会造反，终日心神不宁，以至完全被这种恶念所控制，甚至抢抢要刺死为他弹琴驱魔的大卫；还派大卫去打毫无胜算的仗，以图置他于死地；还想派士兵到大卫家里杀他。

他甚至以帮助大卫为由，杀尽了挪伯城里的众祭司。扫罗不停地行恶，直至他恶贯满盈，最终迎来了悲惨的结局——他因战败而伏刀自杀。

以以利祭司和他的两个儿子为例，以利身为士师时代的以色列的祭司，应当以身作则，为人师表。然而，他的两个儿子何弗尼和非尼哈是恶人，不认识耶和华（撒母耳记上2章12节）。

因为父亲是祭司，这两个儿子理当做服侍神的工作，但他们轻视神的祭祀，祭物还没有献给神，他们就拿来享用，甚至与会幕门前伺候的妇女苟合，在神面前行了许多恶。

儿女误入歧途，父母理应进行劝阻和纠正，若是不从，就应当以更为严厉的方式进行管教，这才是父母当尽的本分，也是真正爱儿女的表现。然而，以利祭司只是责备他们说：你们为何行这样的事呢？我儿啊！不可这样。

他的两个儿子最终还是没有从罪孽中回转，以致咒诅临到以利的家里，他的两个儿子在战场上被杀。

以利听此噩耗，从他的位上往后跌倒，在门旁折断颈项而死；怀孕将到产期的儿妇，则因不堪承受打击，早产后丧命。

可见人受咒诅或悲惨地死去都是有原因的，这些事没有一样是无缘无故发生的。

我们可以看到有些人悖逆神的道，在罪孽中度日，以致自己或家人遭遇死亡之灾。还有些人看见了死亡的结局，这才信神或重新归向神。

人若遭遇至于死的灾殃也不回转，就会永远失去救恩，这无疑是更大的灾殃。因此，人应当在遭遇灾殃之前及时悔改。即使遇到了灾殃，也要立刻省察自己，悔改归正，便不至于遭祸更重。

法老王是在历尽十灾之后，才出于恐惧承认神，并允许以色列人离开埃及。

"夜间法老召了摩西、亚伦来，说：'起来！连你们带以色列人，从我民中出去，依你们所说的，去事奉耶和华吧！也依你们所说的，连羊群牛群带着走吧！并要为我祝福。'"（出埃及记12章31节-32节）

通过十灾，法老刚硬顽梗的心淋漓尽致地呈现出来。法老放以色列人走，完全是出于无奈，因而回过头来就又后悔，向百姓变心，他带着全部车辆，亲自率领埃及军队追捕以色列人。

"法老就预备他的车辆，带领军兵同去，……他就追赶以色列人，因为以色列人是昂然无惧地出埃及。"（出埃及记14章6节-8节）

既然遭受了灭头生之灾，法老应该在神面前降服，可他反而后悔放走以色百姓，就率倾国兵力追捕以色列人，要把他们重新捉回来作奴仆，从中可以看出人心之顽梗和狡诈。事已至此，神不能再宽恕法老，只好任他葬死红海。

> 耶和华对摩西说："你向海伸杖，叫水仍合在埃及人并他们的车辆、马兵身上。"……那些跟着以色列人下海法老的全军，连一个也没有剩下。（出埃及记14章26节-28节）

恶人的伎俩古今雷同——落入窘境，他们会向你求饶，当你赦免宽恕他们，他们又会重蹈旧恶。他们的恶层出不穷，直到死日并不止息。

悖逆的人生和顺从的人生

我们要从中吸取一个重要的教训，就是犯了错误，不要知错不改，恶上加恶；不是正道不要走。

彼得前书5章8节-9节说："务要谨守、警醒，因为你们的仇敌魔鬼，如同吼叫的狮子，遍地游行，寻找可吞吃的人。你们要用坚固的信心抵挡它，因为知道你们在世上的众弟兄也是经历这样的苦难。"

约翰一书5章18节也说："我们知道凡从神生的，必不犯罪，从神生的，必保守自己（有古卷作"那从神生的必保护他"），那恶者也就无法害他。"

对那些不犯罪、全守神的道，活出神荣耀的人，神必用火焰般的眼目看顾保守他，使他平安稳妥，无忧无虑。

我们可以看到很多人遭受各种灾殃却不知其原因。甚至在那些信神、走天路历程的人当中，也有饱受各种患难的人。

有的遭受血灾；有的遭受虿灾；有的遭受雹灾或蝗灾，还有的遭受灭头生之灾，甚至有的"葬死海底"，即遭受死亡之灾。

所以我们应当度过顺从的人生，不可像法老王那样悖逆神、抵挡神，免得遭受上述的那些灾殃。

一个人即使处在灭头生之灾，或黑暗之灾的边缘，只要悔改归正，就能得到神的饶恕，从而免遭灭顶之灾，但若继续迟疑耽延，最终只能落到像葬死红海的埃及军队那样的下场。

论顺从的人生

悖 逆 的 人 生 与 顺 从 的 人 生

"你若留意听从耶和华你神的话,
谨守遵行他的一切诫命, 就是我今日所吩咐你的,
他必使你超乎天下万民之上。
……
你出也蒙福, 入也蒙福。"

（申命记28章1节-6节）

第七章

逾越节和救赎之路

耶和华在埃及地晓谕摩西、亚伦说：

"……各人要按着父家取羊羔，一家一只。

……各家要取点血，涂在吃羊羔的房屋左右的门框上和门楣上。

当夜要吃羊羔的肉，用火烤了，

与无酵饼和苦菜同吃。

……赶紧地吃，这是耶和华的逾越节。

……我击杀埃及地头生的时候，

灾殃必不临到你们身上灭你们。"……。

（出埃及记12章1节-28节）

埃及法老王和他的臣仆们一直悖逆神，不肯听从神的话，从而遭受了十次灾殃。席卷整个埃及的灾殃，起初比较轻微，但因他们不回转，强度就越发加大，他们从而饱受疾病之苦、失财之痛，最终迎来丧命的悲剧。然而，神的选民以色列百姓，虽然与埃及人头顶同一片天空，却没有受到任何灾害或危险，反而在神的保守之下安然度日。

当神以击杀长子的最后一灾刑罚埃及的时候，以色列百姓也仍无一人丧命，这是因为神预先给他们指明了得救的路径。

这一得救的路径不仅适用于数千年前的以色列百姓，也同样适用于生活在现今时代的我们。

免受灭头生之灾的路径

在灭头生之灾席卷埃及之前，神指示以色列百姓免灾之路径：

"你们吩咐以色列全会众说：本月初十日，各人要按着父家取羊羔，一家一只。"（出埃及记12章3节）

从血灾到黑暗之灾，神以大能的手彻底保守以色列百姓，以色列百姓不需要采取任何行动。但最后一灾到来之前，神要求以色列百姓做出顺从的表现。

就是把羊羔宰了，取些羊羔的血，涂在房屋左右的门框上和门楣上，并在那屋里将羊羔的肉用火烤了吃。神将此作为祂在埃及击杀一切长子和头生之牲畜时分别自己百姓的记号。

凡以羊羔的血作记号的房屋，神就越过，不容灭命的进他们的房屋，击杀他们。以色列人就这样从席卷整个埃及的最后的灭顶之灾中获得拯救。犹太人至今仍然缅怀记念这日子，守为"逾越节"。

如今逾越节已成为以色列民族最盛大的节日。这天犹太人吃羊肉、无酵饼和苦菜等食物，以纪念神的救恩。有关详细内容要在第八章进行讲解。

要宰杀一只羊羔

神命以色列人宰杀羊羔，是因为羊羔预表耶稣基督。

我们通常把信神的圣徒称为羊。于是有人认为羊羔（或羔羊）是指初信徒。但查考《圣经》就可以知道羊羔是专指耶稣的。

约翰福音1章29节里，约翰指着耶稣说："看哪，神的羔羊，除去（或作"背负"）世人罪孽的。"彼得前书1章19节里又说："乃是凭着基督的宝血，如同无瑕疵、无玷污的羔羊之血。"

耶稣的品性和为人令人联想到温和驯良的羊羔。马太福音12章19节和20节就是耶稣这种性情的真实写照："他不争竞，不喧嚷，街上也没有人听见他的声音。压伤的芦苇，他不折断；将残的灯火，他不吹灭。等他施行公理，叫公理得胜。"

羊唯独听从牧者的声音，同样，耶稣对神只有"阿们"和无条件的顺从（启示录3章14节）。祂直到在十字架上受难，惟愿成就神的意思（路加福音22章42节）。

羊给人类提供柔软的皮毛、味美的鲜奶和营养丰富的肉，同样，耶稣为了拯救沦为罪人的全人类，被钉十字架，流尽血和水，将自己献作挽回祭，作神人和好的中保。

因此，《圣经》处处可以找到把耶稣比作羊羔的记录。神向以色列百姓指示逾越节的律例，并具体告知取羊羔的方法：

"若是一家的人太少，吃不了一只羊羔，本人就要和他隔壁的邻舍共取一只。你们预备羊羔，要按着人数和饭量计算。要无残疾、一岁的公羊羔，你们或从绵羊里取，或从山羊里取，都可以。"（出埃及记12章4节-5节）

因生活条件不够好，或人口少等原因，不能杀一只羊羔时，神允许他们可以和其隔壁的邻舍共取一只羊羔或山羊。从中我们可以感受到神丰富的怜恤和无微不至的慈爱。

神叫人取"无残疾、一岁的公羊羔"，是因为交配之前的一岁公羊，其肉质鲜嫩，美味可口，且又相当于人的青年期，纯净而美丽。神是无瑕疵、无玷污的圣洁的神，所以叫人取一只纯净而健康的羊，即一岁、无残疾的公羊羔。

涂羊羔的血之后，直到早晨不要出自己的房门

神吩咐以色列百姓各人要按着父家取羊羔，一家一只。但不要立刻宰杀，要留四天之后，在黄昏的时候宰杀（出埃及记12章6节）。这是要给他们专心诚意做准备的时间。

那么，神为何又叫他们在黄昏的时候宰杀呢？

以亚当的悖逆为起头的神对人类的耕作，大体分为三个部分。从亚当到亚伯拉罕的降生为两千年，是"耕作人类"之工程的开端。以一天来说，便是相当于早晨。

其后，从亚伯拉罕被尊为信心之父，到拯救的道路——耶稣

的降生约为两千年，就是相当于一天中的白昼。

从耶稣的降生到我们生活着的现今时代也是过了约两千年，便是耕作人类进入尾声的时候，相当于一天中的黄昏时分（约翰一书2章18节；犹大书1章18节；希伯来书1章2节；彼得前书1章5节、20节）。

耶稣降世为人，被钉十字架代赎我们罪的时期，正值耕作人类的结尾部分，由此，神吩咐人必须要在一天的末了，即黄昏的时候宰杀羊羔。

并叫人照着神的指示，把羊羔的血涂在房屋左右的门框上和门楣上（出埃及记12章7节）。"左右门框"是用来固定门扇的立于房屋出入口两侧的柱子；"门楣"则是指横放固定在左右门框上方，托住墙壁的木头或石头。

"羊羔的血"所代表的灵意是耶稣的宝血。"将羊羔的血涂在门上"，是指我们靠耶稣的宝血得到救恩。这里包含的灵意是这样的：耶稣在十字架上流了宝血，代赎我们的罪，拯救我们的生命。

因为这血乃是代表我们救主耶稣的圣洁的宝血，所以，神不准将血涂在人践踏的门槛上，只准涂在左右门框和门楣上。

耶稣称自己为"羊的门"，他还说："我就是门，凡从我进来的，必然得救，并且出入得草吃。"（约翰福音10章9节）正如耶稣所说的，在灭头生之灾临到的那天晚上，凡房门上没有涂血记号的人家都被杀灭，有涂血记号的家则被免死，得到拯救。

不过，虽然涂了羊血，但走出门外的人，未能免于死难（出埃及记12章22节）。因为人出了房门，就等于跟神毁约，从而遭到灭顶之灾是必然的。

从属灵的意义上讲，"门外"是一片黑暗，是没有真理的世界，故"人到门外"表示与神离绝。如今也是一样，人即使信了主，但若再次离开主，便是无法得救。

将羊羔的肉要用火烤了吃，且要全部吃光

那天夜里，在埃及无一家不死一个人的，埃及全地便大有哀号。从屡次目睹神的大能也不惧怕神的法老乃至埃及百姓的哭号声打破了深夜的寂静。

但以色列百姓直到早晨无一人走出房门，他们遵照神的吩咐，在屋里吃了羊羔的肉。

那么，为何要在黑夜里吃羊羔的肉呢？这里包含着深邃的灵意。

亚当在摘吃善恶树果之前，是在神的掌管之下，但自从悖逆神，吃了善恶树果之后，被沦为罪的奴仆，由此，其后裔全人类都一同沦为仇敌魔鬼、撒但的奴仆，受其辖制，从而于灵意上讲，正是处在黑夜之中。

以色列百姓在黑夜里吃羊羔的肉，同样，生活在黑夜中的我们，也要吃人子的肉，喝人子的血，即以神光明之道、真理之言为粮，才能得到拯救。

神把吃羊羔的方法也细致入微地告诉以色列百姓："当夜要吃羊羔的肉，用火烤了，与无酵饼和苦菜同吃。"（出埃及记12章8节）

酵母是一种能引起发酵的真菌。经过发酵的食品，口感柔嫩，味道可口。不经发酵的面包或糕点则会口感坚硬，味道欠佳。

当以色列百姓面临生死问题，迫切盼望救恩的时候，神使他们将羊羔的肉和难吃的无酵饼和苦菜同吃，好记念这非同寻常的日子。

"酵"的灵意是罪恶。故叫人吃无酵饼的意思是：为了得救，保全生命，必须要除去罪恶。

神还吩咐以色列百姓吃羊羔的时候不可吃生的，也不可吃水煮的，要带着头、腿、五脏，用火烤了吃（出埃及记12章9节）。

这里所谓"生吃"是指照字面上的意义去解释神宝贝的话语。

例如：马太福音6章6节说："你祷告的时候，要进你的内屋，关上门，祷告你在暗中的父。你父在暗中察看，必然报答你。"如果按字面意义去解释这段经文，那么我们祷告的时候必须要进到阴暗的内屋，关上房门，向神祷告。不过，在整本《圣经》中，无论何处都找不到哪一位神人先知进到内屋祷告的记录。

"进到内屋祷告"的灵意是：要发自内心祷告，不可有杂念。

人吃肉不能生吃，否则会容易感染寄生虫，或闹肚子。同样，按字面意义强解神的道，会误解神的旨意，引发诸多问题，而且得不到属灵的信心，从而难以得救。

用水煮着吃的意思是在神的道里面加添哲学、科学、医学和人的想法。用水煮肉，会熬出肉汁，营养成分损失很大，同样，在真理之道中加添世上的知识，人可以拥有知识上的信心，但却无法建立属灵的信心，终究无法得救。

那么，"把羊羔用火烤了吃"的含义是什么呢？

这里"火"是指圣灵的火。神在《圣经》上的话语都是人被圣灵感动记录下来的，因此无论读经还是听道，都必须要凭着圣灵的充满和感动。否则神的道只会以知识的状态积存在头脑里，不会成为我们的灵粮，因此不会对我们属灵的生命带来助益。

我们若要将神的道用火烤了吃，必须要做如火般的祷告。祷告具有如同燃油的功效，是我们被圣灵充满的原动力。我们若在圣灵的感动中领受神的道，神的道就会在我们口中比蜂房下滴的蜜还要甘甜；我们爱慕神的道，就如渴鹿爱慕溪水，听道会是一种极美的享受，无论时间再长，也不觉得乏味。

我们听道的时候，若动用人的想法或知识和经验，就会碰到很多难以理解的部分。

例如：神吩咐我们说：有人打你的右脸，连左脸转过来由他打；有人要拿你的里衣，连外衣也由他拿；有人强逼你走一里路，你就同他走二里。

人们都说有仇不报非好汉，可是神对我们说：要爱你们的仇敌，为那逼迫你们的祷告；要降卑自己，服侍众人（马太福音5章39节-44节）。

正因为如此，我们必须要攻破我们一切违背真理的意念，凭着圣灵的感动，领受神的道。这样才能使神的道化作我们的生命与能力，我们便能脱去非真理，进入永生的道路。

吃烤熟的肉，不仅味道香，还能防止细菌感染，同样，凭着圣灵的感动聆听神的道，在口中如蜜甘甜，并遵其而行的人，是不会给魔鬼留地步的。因为神的道存在他们心里，他们的问题会化解，疾病会离开，生活变得安康，家庭变得幸福。

神还说："要带着头、腿、五脏，用火烤了吃。"其灵意是：要把《圣经》六十六卷书中的神言，无一疏漏地全部吃尽。

《圣经》中记录着天地万物的起源和耕作人类的计划和旨意。不仅如此，还记录着成为神的真儿女的方法，以及万事以前所隐藏神救赎的奥秘等神的旨意。

因此，"要带着头、腿、五脏，用火烤了吃"的意思是：从《圣经》创世记到启示录——六十六卷书中的一切神言全都吃尽。

要赶紧地吃，不可剩下一点留到早晨

以色列百姓要在家里吃火烤的羊肉，不剩一点留到早晨。因为神说："不可剩下一点留到早晨，若留到早晨，要用火烧了。"（出埃及记12章10节）

早晨是黑暗退走光明来临的时候，故从灵意上讲是指主再来之时。主重降之后，我们就不能再预备灯油了（马太福音25章1节-13节）。因此，我们应当在那之前，殷勤吃灵粮，即聆听神的道，并且遵行。

人生不过是七八十个春秋，何时命终，无人知晓。因此，殷勤吃神的道，将其全然消化吸收，乃是我们当务之急。

以色列百姓经历埃及的灭头生之灾之后，必须要赶紧脱离埃及地，因此神吩咐他们赶紧地把羊羔吃完。

"你们吃羊羔当腰间束带，脚上穿鞋，手中拿杖，赶紧地吃，这是耶和华的逾越节。"（出埃及记12章11节）

这是叫他们摆出一副整装待发的架势。腰间束带，脚上穿鞋，便是整装的最后一道工序，表示预备整齐。

可以想象在这如同埃及一般充满着痛苦悲伤的世界中，因信耶稣基督，蒙恩得救，进入应许之地迦南，即天国，我们亦应当时常警醒，谨慎自守，预备整齐。

又说"手中拿杖，赶紧地吃"，这里"杖"是指信心。走山路，或爬高山的时候，如果手中有杖，可以防止跌倒，安全地到达目的地。

神将代表信心的杖赐给没有领受圣灵的摩西，使以色列百姓可以通过那杖，体验到看不见之神的大能，能够顺利地走完出埃及的历程。

如今，我们为了到达永恒的天国，必须要具备属灵的信心。我们唯独相信那在十字架上无辜受难，并且死而复活的主，才能得救，而且唯独吃主的肉，喝主的血，我们才能持定救恩，稳固根基。

再者，现在是末时，主再临的日子已甚是挨近。圣徒们只有顺从神的话语，火热地祷告，才能抵挡黑暗势力，作一个战无不胜的属灵的将帅。

　　"所以，要拿起神所赐的全副军装，好在磨难的日子抵挡
　　仇敌，并且成就了一切，还能站立得住。所以要站稳了，用
　　真理当作带子束腰，用公义当作护心镜遮胸，又用平安的
　　福音当作预备走路的鞋穿在脚上。此外又拿着信德当作藤
　　牌，可以灭尽那恶者一切的火箭。并戴上救恩的头盔，拿着
　　圣灵的宝剑，就是神的道。"（以弗所书6章13节-17节）

第八章
割礼与圣餐礼

耶和华对摩西、亚伦说:"逾越节的例是这样:
……但未受割礼的,都不可吃这羊羔。
本地人和寄居在你们中间的外人同归一例。"
……正当那日,耶和华将以色列人
按着他们的军队,从埃及地领出来。
(出埃及记12章43节-51节)

逾越节是世界上最古老的节日,其由来可以追溯到3500年前。以色列的建国根基就是建立在这逾越节上。

逾越(Passover)希伯来语叫Pesach,包含着经过、越过、宽恕之意。埃及临到灭头生之灾的时候,灭命的越过了以色列人的家,故而得名。

如今的以色列人每逢逾越节都要打扫房间,检查屋内有没有发酵的食品。甚至孩子们拿手电筒照床底下或家具后方,仔细检查屋内有没有残留面包或饼干之类的发酵食品。每个家庭还要按逾越节的律例进餐，在家长的引导下回顾出埃及事件。

"为什么我们要在这夜里吃吗咋（matzo无酵饼）？"

"为什么我们要在这夜里吃苦菜？"

"为什么我们要在这夜里吃蘸盐水的芹菜？为什么把苦菜蘸哈罗设（Harosheth，一种褐色的果酱，代表在埃及烤砖）吃？"

"为什么我们斜躺着吃逾越节食物？"

司仪者解释：以色列民吃无酵饼是因为他们必须抓紧时间离开埃及；吃苦菜是因为纪念他们在埃及做奴隶时所受的苦；吃蘸盐水的芹菜是为了纪念当时所流的眼泪；斜躺着吃逾越节食物是为了表示他们已解脱为奴之生活，得到了自由，可以享受悠闲与欢乐。

司仪的家长还要讲述降于埃及的十灾。有趣的是，每提一种灾殃的时候，家人都要将少许葡萄酒含在口中，然后吐在备好的容器里。

出埃及的事件距今已有3500年的历史，但犹太人至今仍然持守逾越节，他们透过逾越节的食物，使自己的孩子们体会出埃及的事件，使得神在数千年前所立定的这一古老的节期能够继续传承下去。

曾经抱着亡国之悲哀，流散于世界各国的以色列民族，过了1900年之后，竟然回归故土，重建祖国。这种伟大的力量也是源于这种精神。

参加逾越节仪式的资格

在埃及，灭头生之灾雷厉风行的那天晚上，以色列百姓因着顺从神的话语而免于死难。但为了参加逾越节仪式，他们必须要具备一个条件：

> "逾越节的例是这样：外邦人都不可吃这羊羔。但各人用银子买的奴仆，既受了割礼，就可以吃。寄居的和雇工人都不可吃。……若有外人寄居在你们中间，愿向耶和华守逾越节，他所有的男子务要受割礼，然后才容他前来遵守，他也就象本地人一样；但未受割礼的，都不可吃这羊羔。本地人和寄居在你们中间的外人同归一例。"（出埃及记12章43节-49节）

如经上所记，唯独受割礼的人才有资格吃逾越节的食物，可见割礼是一件与生命息息相关的重要的事。

"割礼"是割除阴茎包皮的仪式。相当于如今的包茎手术。按着定命，在信神的以色列百姓中初生的男婴，第八天一律要切除阳皮，以表示他属于神的百姓。

创世记17章9节-10节说："神又对亚伯拉罕说：'你和你的后裔必世世代代遵守我的约。你们所有的男子都要受割礼，这就是我与你，并你的后裔所立的约，是你们所当遵守的。'"

神与信心之父亚伯拉罕立祝福之约时，叫他和他的后裔要以行割礼作为立约的证据。因此，凡不受割礼者，就无法得到神应许的祝福。

"你们都要受割礼("受割礼"原文作"割阳皮"。14、23、24、25节同)，这是我与你们立约的证据。你们世世代代的男子，无论是家里生的，是在你后裔之外用银子从外人买的，生下来第八日，都要受割礼。……但不受割礼的男子，必从民中剪除，因他背了我的约。"（创世记17章11节-14节）

那么，神为何叫他们出生第八天受割礼呢？胎儿十个月后从母腹降生，就要面临崭新的环境，适应过程非常艰巨。起初细胞处在极为脆弱的状态，过了七天比较适应环境。尤其到了第八天婴儿体内的凝血酶达到最高，所以，第八天行割礼时，伤口的止血及愈合最快；同时，婴儿出生后第八天，其神经末梢还未形成在阴茎包皮上。故切割它时，不会引起疼痛。然而，长大成人之后皮肉比较坚硬，此时若要行割礼，相对痛苦就大了（创世记34章24节-25节）。

因此神叫新生儿出生第八天受割礼，将阴茎外皮割除，以便对安全、卫生和发育等方面都有好处。神又将此作为神与祂自己的子民立约的证据。

割礼与生命有直接的关系

出埃及记4章24节-26节说："摩西在路上住宿的地方，耶和华遇见他，想要杀他。西坡拉就拿一块火石，割下他儿子的阳皮，丢在摩西脚前，说：'你真是我的血郎了。'这样耶和华才放了他。西坡拉说：'你因割礼就是血郎了。'"

那么，神为什么想要杀摩西呢？

若了解摩西的出生背景和成长过程就会容易理解这个问题。当时埃及正在推行一种企图消灭以色列民族的政策——凡以色列人所生的男婴一律要格杀勿论。

摩西就是出生在这种时代背景中，摩西的父母见他俊美，就把他藏起来养。孩子渐渐长大，无法再藏，他们便把孩子放在蒲草箱里搁在芦荻中。在神的旨意中，摩西被埃及公主所发现，作她的养子，成为埃及的王子。因此摩西一直没有条件接受割礼。

虽然摩西蒙召为引领以色列人出埃及的领袖，但他尚未接受割礼，因此神的使者想要杀他。由此可见，割礼与生命有直接的关系；人若不受割礼，他便与神毫不相干。

希伯来书10章1节说："律法既是将来美事的影儿，不是本物的真像，"这里所谓律法是指旧约，将来美事是指新约，即耶稣基督的福音。

影儿与真像是一个，不能分开。因此"不受割礼者必从神的百姓中剪除"这一律例照样适用于生活在新约时代的我们。

不过，现今时代跟凭肉体的行为得救的旧约时代不同，神的儿女必须要行属灵的割礼，即心里的割礼（申命记10章16节）。

肉身的割礼和心里的割礼

罗马书2章28节-29节说："因为外面作犹太人的，不是真犹太人；外面肉身的割礼，也不是真割礼。惟有里面作的，才是真犹太人；真割礼也是心里的，在乎灵，不在乎仪文。这人的称赞不是从人来的，乃是从神来的。"

旧约时代的人们因为没有领受圣灵，所以无法脱去心里的非真理，便以肉体的割礼作为他们是神百姓的印证。但新约时代则不同：我们因着接待耶稣基督为救主，领受圣灵的内住。圣灵又帮助我们遵行神真理之道，脱去心中的非真理。

如上所述，行心里的割礼，不仅是等于在属灵的层面上遵行旧约时代的肉体的割礼，也是等于守逾越节。

"你们当自行割礼归耶和华，将心里的污秽除掉；恐怕我的
忿怒因你们的恶行发作，如火着起，甚至无人能以熄灭。"
（耶利米书4章4节）

那么，除掉心里的污秽是什么意思呢？就是照着神的吩咐，该做的做，不可做的不做，该守的守，该离弃的离弃。

神说"不可恨人、不可论断、不可定罪、不可偷盗、不可奸淫"就照着禁戒不做；神说"离弃罪恶、守安息日、遵守诫命"就照着离弃、遵守。

神说"要传道、祷告、饶恕、相爱"就照着遵行。

就这样我们将违背神话语的一切罪恶、不义、不法、黑暗除去

净尽，洁净我们的心灵，并将真理填充于心里，便是"除掉心里的污秽"所包含的灵意。

心里的割礼和完全的救恩

摩西时代的逾越节仪式旨在使以色列民在出埃及之前免遭灭顶之灾。因此，人参加了逾越节仪式并非意味着获得永久的救恩。

若是一次得救永远得救，那么，出埃及的以色列百姓都应该进入流奶与蜜之地——迦南，即信仰的圣地、天路历程的终点——天国。但实际上当时出埃及的时侯，二十岁以上的成年人，除了约书亚和迦勒以外，都未能显出信心与顺从，故而经历了四十年的旷野生活，最终还是未能进入祝福的美地——迦南，死在旷野。

如今也是一样。曾经不认识神的我们，因接受耶稣基督而得到救恩，成为神的儿女，那么，这只是我们迈进了救恩的范围，而非代表我们获得了永久、完全的救恩。

就像以色列百姓为了进入迦南地经历了四十年的熬炼岁月一样，我们为了得到永久的救恩，也需要经历用神的道做成心里的割礼的过程，这就是信仰生活。

我们接待耶稣基督，就能领受所赐的圣灵，但领受圣灵并不意味着我们心里完全洁净。为了得救，必须要持之以恒地做心里的割礼。唯独通过心里的割礼，能够全然保守我们生命之本——心灵的时候，我们才能获得完全的救恩。

心里的割礼之重要性

我们唯独用神的道并用圣灵的剑洗净、割除污秽肮脏的罪恶，才能成为圣洁神的儿女，免遭灾殃，平安度日。

除此之外，我们做心里的割礼是为了在属灵的争战中获胜。虽是眼不能见，但这世界上，属神、属善的灵和敌神的邪灵之间的激烈的争战持续不断地进行着。

以弗所书6章12节说："因我们并不是与属血气的争战，乃是与那些执政的、掌权的、管辖这幽暗世界的，以及天空属灵气的恶魔争战(两"争战"原文都作"摔跤")。"

"亲爱的弟兄啊，我们的心若不责备我们，就可以向神坦然无惧了。并且我们一切所求的，就从他得着，因为我们遵守他的命令，行他所喜悦的事。"(约翰一书3章21节-22节)

我们为了通过神的应允解脱疾病、贫穷等一切人生问题，也要作成心里的割礼。因为只有心里清洁，才能在神面前无可责备，凡一切所求的都能从神得着。

逾越节和圣餐礼

如上所述，唯独行割礼的人，才能参与逾越节仪式，走进救恩之路，这跟如今的圣餐礼一脉相承。如果说逾越节是吃羊羔肉的节期，那么圣餐礼则是吃耶稣的肉，喝耶稣的血，即吃饼喝葡萄酒的节期。

　　"你们若不吃人子的肉，不喝人子的血，就没有生命在你们里面。吃我肉、喝我血的人就有永生，在末日我要叫他复活。"（约翰福音6章53节-54节）

　　这里"人子"是指耶稣，"人子的肉"是指神在《圣经》66卷书中的话语。"吃人子的肉"是指以神在《圣经》上的真理之道为粮。

　　为了消化食物，必须要摄取水分。与此同理，我们吃人子的肉，也要同喝人子的血，才能利于消化，得到永生。

　　因此，"喝人子的血"是指诚然相信神的道，并谨守遵行。得知神的道，却不去行，对人没有任何益处。

　　当我们吃《圣经》六十六卷书中的神言，并谨守遵行的时候，真理才能进入我们的心，成为营养成分，我们里面的废弃物，即一切的罪恶被排泄净尽，以至成为属真理的人，得享永生。

　　例如：以"仁爱"为粮，并遵行，这真理之道就会成为我们属灵的营养成分，而那些仇恨、嫉妒等邪恶的心将被排泄，完全的爱便成形在我们心里。

　　而且，在我们心里填充和平与仁义的时候，纷争、埋怨、争论、不义等便会退去。以此类推，其它的恶也都会从我们心里除净，我们便将成为圣洁的心灵。

参加圣餐礼的资格

出埃及时代，受割礼的人具备参加逾越节的资格，免遭灭头生之灾。如今也一样，人若接待耶稣基督，领受了圣灵，他就是受了神儿女的印记，便有资格参与圣餐礼。

但逾越节是一时的拯救，是要免去灭头生之灾，因此需要旷野的历程，以备获得完全的救恩。同样，我们即使领受圣灵，得到参与圣餐礼的资格，以后还需要经历一些过程，预备获得永久的救恩，那就是接待耶稣基督并且迈进了救恩之门槛的我们，必须要持之以恒地顺从神的话，奔向天国，持定永久的救恩。

犯了罪的人，是不能参与圣餐礼的。在参与圣餐礼，吃主的肉，喝主的血之前，我们必须要省察自己，悔改自己的罪，洁净自己的内心。

"所以，无论何人不按理吃主的饼、喝主的杯，就是干犯主的身、主的血了。人应当自己省察，然后吃这饼、喝这杯。因为人吃喝，若不分辨是主的身体，就是吃喝自己的罪了。"（哥林多前书11章27节-29节）

有人说只有领受水洗的人才有资格参与圣餐礼。其实，凡接待耶稣基督，领受所赐的圣灵，具备神儿女的权柄的人，都有资格参与圣餐礼。一个人若领受了圣灵，成为神的儿女，那么他即使没有受过水洗，只要悔改自己的罪，就可以参与圣餐。

我们通过圣餐，应当再次领悟、铭记被钉十字架流血舍命的主的宏恩，并要时常查验自己，殷勤吃灵粮——神的道，并且谨守遵行。

哥林多前书11章23节-25节说："我当日传给你们的，原是从主领受的，就是主耶稣被卖的那一夜，拿起饼来，祝谢了，就擘开，说：'这是我的身体，为你们舍的（"舍"有古卷作"擘开"）。你们应当如此行，为的是记念我。'饭后，也照样拿起杯来，说：'这杯是用我的血所立的新约。你们每逢喝的时候，要如此行，为的是记念我。'"

第九章

出埃及与无酵节

"你们要吃无酵饼七日。
……凡吃有酵之饼的，必从以色列中剪除。
……你们要守无酵节，
因为我正当这日把你们的军队从埃及地领出来；
所以你们要守这日，
作为世世代代永远的定例。
……。

（出埃及记12章15节-20节；13章）

"宽恕，但不要忘记！"

这是刻在以色列犹太大屠杀纪念馆入口处的字句。为的是要追念第二次世界大战中牺牲于纳粹残害下的六百万犹太人，旨在不忘大屠杀的历史，不要让这一惨痛的历史悲剧重演。

以色列的历史可称得上是铭心刻骨的历史。《圣经》中屡次出现叫人铭刻在心，或世世代代永作纪念的吩咐。

以色列百姓因守逾越节，免受死亡之灾。神吩咐他们守无酵节，作为世世代代的定例，为的是要使他们永远不忘从为奴的生活中获得释放的日子。

出埃及的属灵意义

出埃及的这一天，不单纯意味着几千年前以色列民族获得解放的日子。

以色列百姓曾经生活过的埃及，从属灵的意义上说是指仇敌魔鬼、撒但掌管的"世界"。以色列百姓在埃及作奴隶，经受许多的痛苦和折磨，同样，人类在不认识神的时候，会受到仇敌魔鬼、撒但百般的蹂躏和折磨，在伤痛和忧愁中度日。

以色列百姓通过摩西所显现的十灾，模糊地认识神，并跟随摩西脱离埃及，向神对他们的祖先亚伯拉罕所应许的迦南地迈进。

这一情形如同现今那些曾经不认识神，在世享受罪中之乐的人，后来接待耶稣基督，得享自由。

以色列百姓离开了埃及，从为奴的生活中得到释放，如同本为仇敌魔鬼、撒但之奴仆的人，接待耶稣基督，成为神的儿女。

而且，以色列百姓走向迦南地的旅程，就与如今圣徒们通过信仰生活进行信仰大长征，向着天国迈进一脉相承。

向流奶与蜜之地迈进

查考出埃及的历程，我们会发现神并没有直接把以色列百姓引入迦南地，而使他们绕道而行，走旷野的路程。因为去迦南地的最短的路径中，有强盛的种族非利士挡着他们的去路。

若要经过那地，以色列民与非利士人的战争是不可避免的。神知道没有信心的以色列百姓会害怕打仗，闹着要重返埃及。

同样，一个初信耶稣基督的人，是不会立刻拥有真正的信心，因此他若遇到像强大的种族非利士那样巨大的试炼，就难以胜过，从而会导致远离信仰的结果。

"你们所遇见的试探，无非是人所能受的。神是信实的，必不叫你们受试探过于所能受的。在受试探的时候，总要给你们开一条出路，叫你们能忍受得住。"（哥林多前书10章13节）

以色列百姓直到进入迦南地，走的是旷野的道路，同样，我们虽然成为神的儿女，但直到进入迦南地，即天国，我们必须要凭着信心走天路历程。

但他们因有对迦南地的盼望和对在埃及未曾得享的自由、和平和富饶的向往，所以虽然那旷野的路途险难，他们也没有回到埃及。我们的信仰历程也与此相仿。

因为我们有信心，并且盼望天国的荣耀，所以无论天路历程怎样险难，怎样狭窄，也不放弃，反而依靠神的帮助和能力，去克服和战胜。

以色列百姓终于向着流奶与蜜之地——迦南出发了。他们辞别生活了四百多年的歌珊地，在摩西的带领下，开始走上信仰历程。

赶着家畜的人们、驱驶着满载从埃及人那里获得的金器、银器和衣裳之车辆的人们、背着用衣物包裹的没来得及发酵的面盆的人们、照顾幼儿和老人的人们……急急忙忙出埃及的以色列百姓的队列一望无际地延伸着。

"以色列人从兰塞起行，往疏割去，除了妇人孩子，步行的男人约有六十万。又有许多闲杂人，并有羊群牛群，和他们一同上去。他们用埃及带出来的生面烤成无酵饼；这生面原没有发起，因为他们被催逼离开埃及不能耽延，也没有为自己预备什么食物。"（出埃及记12章37节-39节）

神叫以色列百姓世世代代守无酵节，是要叫他们永远纪念他们从埃及为奴之生活中解放的日子，因为这是他们自由的日子、盼望的日子、得救的日子。

记念出埃及的无酵节

如今基督教以复活节取代无酵节。耶稣被钉十字架流血舍命，使我们全罪得救。祂又打破死亡权势，复活得胜，使我们脱离黑暗走进光明。复活节就是纪念这一主的恩典，向神谢恩的节日。

无酵节是以色列三大节期之一。以色列人过了逾越节的晚上，吃无酵饼，纪念通过神的帮助脱离埃及的日子，这就是无酵节。

虽然通过摩西遭受许多灾殃，但法老仍不肯回转，导致整个埃及遭受灭顶之灾，法老也经历失去长子的痛苦。法老陷入极大的悲哀之中，急忙召了摩西和亚伦，催他们当天赶紧离开埃及，所以生面来不及发酵。于是以色列人出埃及的时候只好吃了无酵饼。

因此，神吩咐以色列百姓吃无酵饼，纪念苦难的岁月，并感谢神释放他们脱离为奴的生活，得享自由。

神从埃及的灭头生之灾中搭救了以色列百姓。为了纪念这一恩典，以色列人吃羊肉，同吃苦菜和无酵饼。这就是逾越节；逾越节以后，以色列百姓急忙出埃及，在旷野吃了无酵饼七日。为了纪念这一恩典，以色列人吃无酵饼七日，这便是无酵节。

"你吃这祭牲，不可吃有酵的饼，七日之内要吃无酵饼，就是困苦饼。(你本是急忙出了埃及地，)要叫你一生一世记念你从埃及地出来的日子。"（申命记16章3节）

"你们要吃无酵饼七日。头一日要把酵从你们各家中除去，因为从头一日起，到第七日为止，凡吃有酵之饼的，必从以色列中剪除。"（出埃及记12章15节）

无酵节属灵意义与教训

这里"头一日"是指蒙救恩的日子。就像以色列百姓从灭头生之灾中获得拯救，离开埃及，吃了无酵饼七日一样，我们接待耶稣基督蒙恩得救之后，为了得到完全的救恩，必须要"吃无酵饼"。

"吃无酵饼"是指离弃世界，走窄路。我们接待耶稣基督，降卑自己，以谦卑的心走窄路，方能得到完全的救恩。"不吃无酵饼"而"吃有酵饼的人"是随从私欲，追求世界，放纵肉体，图安逸，走宽道的人。他们自然是无法得救的。因此说"凡吃有酵之饼的，必从以色列中剪除"。

那么，无酵节给我们的教训是什么呢？

第一，时常记念神因着慈爱白白所赐的救恩，常常感谢耶稣基督的救赎之恩。

以色列百姓过了逾越节晚上吃无酵饼七日，回顾在埃及作奴隶时的情形，感谢神拯救的大恩。从灵意上讲：我们就是以色列，我们也应当时常记念拯救我们脱离罪和死亡，引我们进入永生之路的神的恩典与慈爱，并要度过凡事谢恩的生活。

我们记念我们遇见神，经历神，从水和圣灵重生的日子，并感谢神的恩典，就是等于守无酵节。真正心地善良的人，绝不会忘记那恩典。这才是人的本分，才是善美的心灵。

即使眼前的现实艰难困苦也不遗忘神恩慈的人，会一心不变地感谢救恩，并且常常喜乐。

主前约600年，犹大的约西亚王即位的时候，有个先知叫哈巴谷，他就是这样的人。

他说："虽然无花果树不发旺，葡萄树不结果，橄榄树也不效

力，田地不出粮食，圈中绝了羊，棚内也没有牛；然而，我要因耶和华欢欣，因救我的神喜乐。"（哈巴谷书3章17节-18节）

哈巴谷望着自己的祖国受到强国迦勒底（新巴比伦）帝国之威胁，并且面对日趋败落的民族的命运，并没有灰心绝望，反而向神献上了感恩的赞美。

仅凭神因着慈爱白白所赐的救恩，我们也能不拘任何的生活条件，都能打心底里喜乐和感恩。

第二，不能顺着惰性，安于依然如故的信仰状态，或过平淡无奇的信仰生活。

"依然如故的信仰生活"是指安于原貌，没有发展，不思进取，不做心里的割礼，即指形式上的、习惯性的信仰，就是温水般的信仰状态。

冷却的信仰，或许可以通过管教予以纠正。但不冷不热的信仰则不然，他们领受圣灵，经历到神的作为，并知道有天国和地狱，所以不敢离开神，但却与世俗妥协，不肯离弃罪恶。

他们如果察觉到自己的欠缺和不足，或许还能倚靠神，求神的帮助，但持有温水般的信仰的人，抱着安逸的心态，不肯发出热心，虽然出席教会，但只是形式上的。这样的人起初觉得心里忧苦、郁闷，但随着岁月的流逝，最终连这样的心都会消为乌有。其结局会如何呢？

正如启示录3章16节所说："你既如温水，也不冷也不热，所以我必从我口中把你吐出去。"他们是无法得救的。因此，神叫人按时守节期，借以查验自己的信仰，努力进取，信心成长，以至满有基督长成的身量。

第三，要持守起初的爱心，如果丢失了，就要回想自己是从哪里坠落的，并要悔改，行起初所行的事。

凡信主的人多多少少都经历过起初的爱心。因认识到神的恩典与慈爱之浩大，所以每一天的生活充满着感恩，喜乐与幸福。

如同父母对儿女寄予厚望，神也希望圣徒们信心日益坚固，具备更加充足的信心。然而，当人有一天离弃了起初的爱心，他以前的热心和爱心就会变得冷淡，祷告也会变成义务性的祷告。

人在全然成圣之前，只要将心交给撒但，随时都会丧失起初的爱心。因此，你若以前那种对主火热的爱心冷淡了，就应当迅速查明原因，并且悔改归正。

人们往往说信仰之路是狭窄的、艰难的，但申命记30章11节则说："我今日所吩咐你的诫命，不是你难行的，也不是离你远的。"的确，我们走信仰的道路，只要认识到神的真爱，就一点都不难了。因为现在的苦楚若比起将来要显于我们的荣耀，就不足介意，所以我们只要单单仰望天国的荣耀，就是苦难中也能常常喜乐。

主复活之后，生活在这末时的圣徒们，应当单单顺从神的话语，每天都在光明中行。不要选择世上的宽道，只要选择信仰的窄道，这样，你必能进入流奶与蜜之地——迦南。

神必将那救恩与起初的爱心并喜乐赐给你，也必祝福你通过信心的操练成就圣洁，完全拥有永恒的天国。

因此，我们要明白逾越节和圣餐的实意，殷勤吃主的肉，喝主的血，将各样的恶离弃净尽，做成心里的割礼。

第十章

顺从的人生与祝福

"你若留意听从耶和华你神的话,
谨守遵行他的一切诫命,就是我今日所吩咐你的,
他必使你超乎天下万民之上。
你若听从耶和华你神的话,
这以下的福必追随你,临到你身上:
……你出也蒙福,入也蒙福。
……。

（申命记28章1-14节）

出埃及时代的以色列历史给我们一个非常宝贵的教训。悖逆神的法老和埃及遭受了灾殃。但那些离开埃及,走向迦南地的以色列百姓也不例外:他们违背神的旨意的时候,也照样经历了坎坷与不顺利。

以色列百姓虽然因遵守逾越节的律例而免遭灭头生之灾,但他们在进军迦南的途中,因无水无粮,开始怨声四起。他们敌对摩西,崇拜他们自己亲手铸造的金牛犊。他们因为没有信心,所以不能仰望神所赐予他们的美地,反而报恶信,埋怨神。

结果出埃及的第一代以色列人，除了约书亚和迦勒以外，无一不死在旷野中。唯独约书亚和迦勒以及出埃及第二代，因坚信神的约言，顺从神的话语而得以进入流奶与蜜之地——迦南。

进入流奶与蜜之地的祝福

出埃及的第一代因四百多年来受埃及这异邦种族文化的熏陶，对神的信仰变得淡薄。在压迫与虐待中，他们将许多恶栽植在自己的心里。但出埃及的第二代则因从小得到神道的喂养，并且看见无数次权能的作工，所以在很多方面跟他们的父母不同。

父母一代为何不能进迦南地，为何需要经历长达四十年的旷野生活，他们在长久岁月中将这些教训刻骨铭心。他们在神面前，又在神为他们所立的领袖面前，已经做好了凭着真信心顺从一切的准备。

尽管无数次经历神的作工，父母一代虽然不断地埋怨神，但他们的下一代起誓要做出彻底的顺从，就是宣告要遵照神的旨意，全然顺从接替摩西作他们领袖的约书亚。

"我们从前在一切事上怎样听从摩西，现在也必照样听从你；惟愿耶和华你的神与你同在，像与摩西同在一样。无论什么人违背你的命令，不听从你所吩咐他的一切话，就必治死他。你只要刚强壮胆！"（约书亚记1章17节-18节）

由此可见，以色列百姓在旷野流离的四十年岁月并不单单是受神管教的历程，也是使将来进入迦南地的以色列百姓——出埃及的第二代以色列人建立信心的属灵操练的过程。

神在祝福我们之前，首先使我们经历各种操练的过程，是要叫我们建立属灵的信心。因为如果没有属灵的信心，我们就无法得救，也无法进入天国。

而且，人若在建立属灵信心之前蒙神赐福，往往会重又迷恋世界。因此，神有时叫他们看见奇妙大能的彰显，有时叫他们忍受火一样的试炼，好使他们的信心得以长进。

信心长进的出埃及的第二代，他们所面临的第一道顺从的要隘就是约旦河。他们要从摩押平原进入迦南地，必须过约但河。当时正值收割的日子，约但河水流湍急，涨过两岸。

此时，神吩咐他们说：你们祭司要抬着约柜，在百姓前头过去，约但河的水，就是从上往下流的水，必然断绝，立起成垒。约书亚颁布了神的旨意，百姓的领袖众祭司立刻一马当先、毫不犹豫地向约旦河走去。

他们因为相信神是全知全能的，所以能够顺从神的旨意，毫无疑惑或不平。抬约柜的祭司到了约但河，脚一入水，那从上往下流的水便瞬间停住，立起成垒，以色列众人都走干地过了约但河。

又以他们摧毁耶利哥城的奇事为例，耶利哥城堪称铜墙铁壁，为两层构造，外城六尺宽，内城十二尺厚。在当时武器不发达的情况下，要摧毁如此坚固的城，简直是异想天开。

面对拼死倾力也难以攻破的耶利哥城，神吩咐以色列百姓要围绕这城，一日绕一次，六日都要这样行。到第七日，则要绕城七次，众百姓要大声呼喊。

全副武装的耶利哥军兵在城墙上已进入高度临战状态，然而出埃及的第二代却毫不犹豫地绕起城来了。

城墙上随时都有可能乱箭射来，或乱石砸下来，情况十分危急，但他们遵照神的话语，坦然无惧地绕起了城。坚不可摧的耶利哥城，最终在以色列百姓顺从的行动面前轰然坍塌。

凭着顺从的行动蒙神赐福的路径

顺从是超越一切环境的"法宝"，也是领受神能力的渠道。一些事，在人看来是无法顺从的，但在神看来却是无足轻重的，因为在神没有难成的事。

以色列百姓顺从神的旨意，把全羊用火烤了吃，我们也要在圣灵的感动当中聆听神的话语，并以此为粮。

而且就像以色列百姓世世代代持守逾越节和无酵节一样，常常思想神的话语，刻在心版上，并要感谢救恩，通过神的话语坚持不懈地进行心里的割礼，除去一切罪恶。

这样才能建立真正的信心，显出完全的顺从。即使碰到靠人的逻辑、知识或常识所无法顺从的事，也要凭着信心去做，这才是神所认定的顺从。唯独靠这种顺从，我们才能经历神的大能，领受神的赐福。

《圣经》上出现许多凭着信心和顺从的行动蒙受神赐福的人们。论到但以理和约瑟，他们因对神的信仰根基牢固，所以能够在死亡面前不屈不挠，持守遵行神的道，蒙神赐福。

通过信心之父——亚伯拉罕，我们也能了解到神多么喜悦顺从祂话语的人。

信心之父亚伯拉罕所蒙的祝福

创世记12章1节-2节里，神对亚伯拉罕说："你要离开本地、本族、父家，往我所要指示你的地去。我必叫你成为大国，我必赐福给你，叫你的名为大，你也要叫别人得福。"

此时亚伯拉罕已是75岁高龄了。人到古稀还没有后嗣，离开自己亲密的父家亲属可不是件容易的事。

神也没有给他指定去向，只是叫他离开本地、本族、父家，往神指示的地方去。若动用人的想法，这实在是难以顺从，因为要为此付出很大的代价，需要撇下自己以毕生精力打下的生活根基以及所有一切而背井离乡。

即使有对未来生活的保障，人也是很难离开自己生活过的家园，更何况在对未来一点都不透明的情况下，谁能撇下自己安定的生活，果敢地背井离乡呢？但亚伯拉罕因着信，对神的话语做出无条件的顺从。

有一件事，是亚伯拉罕顺从神的经历中最大的亮点。为了证明亚伯拉罕的信心是完全的信心，神曾试验亚伯拉罕，想要将此作为袖祝福亚伯拉罕的依据。

神吩咐亚伯拉罕把百岁所得的独生子以撒献为燔祭。亚伯拉罕毫不犹豫地遵神的吩咐而行，尽管那是他自己最最疼爱的宝贝儿子。次日，亚伯拉罕照着神的吩咐，清早起来，做好献燔祭的准备，就领着以撒前往神所指示他的地方（创世记22章3节）。

此时的顺从比起他离开本地、父家的顺从，乃为更加高深的一个境界。若说第一次是在不明白神旨意的状态下做出的无条件的顺从，那么"献以撒为燔祭"是在明白神的心意的情况下做出的完全的顺从。亚伯拉罕甚至相信：以撒是神所赐的应许的后嗣，即使把以撒像牲畜一样宰杀献祭，神也照样叫他从死里复活（希伯来书11章17节-19节）。

神喜悦亚伯拉罕的信心，便给他预备献祭的公羊。亚伯拉罕因通过了这次试验，便得称为神的朋友，领受神极大的祝福。

如今以色列所在的近东地方依旧水源缺少，当时的迦南地方也不例外。但亚伯拉罕所到之处水源丰富，连与他同居的罗得也一同蒙了祝福，资财丰盛，富富有余。

亚伯拉罕的金、银、牲畜极多，这意味着亚伯拉罕粮食殷实、财富甚多。当他听见侄儿罗得被掳的消息时，立刻率领他家里生养的精练壮丁三百一十八人进行营救。单看这一件事，我们也能了解到他当时富有的程度。

亚伯拉罕因着顺从神的话语，使那地和那一带周围都得了福，凡跟随他的人都一同蒙了祝福。

而且，其子以撒也因着亚伯拉罕而蒙福，后来子孙繁多，甚至形成了一大族群。神又祝福亚伯拉罕说："为你祝福的，我必赐福与他；那咒诅你的，我必咒诅他，地上的万族都要因你得福。"因此周边国家的君王都对他敬仰有加。

亚伯拉罕集富贵、名望、权势、健康、儿孙等世上一切的美福于一身，成为出入蒙福的人，正如申命记28章所记载的。

不仅如此，他成为神的真儿女、万福之源、信心之父。他甚至成为神的朋友，深明神的心意，与神进行深交，得享极大尊荣。

神就是爱，祂愿所有的人都能像亚伯拉罕一样，蒙神赐福，得享尊荣。因此，《圣经》细致入微地讲述亚伯拉罕的事迹。无论是谁，只要他效法亚伯拉罕的行迹，顺从神的话语，必像亚伯拉罕那样出也蒙福，入也蒙福。

乐意祝福人的神慈爱与公义

至此，我们通过探讨降于埃及的十灾，以及神向以色列百姓揭示的拯救之路——逾越节仪式，得知人遭遇灾殃的原因，以及免遭灾殃，或从灾殃中获得拯救的方法。

上面提到我们若因什么问题或疾病受苦，就当知道这是因为心里有恶的缘故，并要迅速省察自己，悔改归正，脱去一切罪恶。

还通过亚伯拉罕的信仰了解到：当人顺从神的时候会得到怎样惊人的祝福。

总之，一切灾殃都必有原因。按照人心里醒悟这些道理，并且转离恶事，更新变化的程度，会呈现不同的结果——有人或许只是对自己的过错付出相应的代价，有的人则会将此作为改变自己的契机，发现并离弃自己里面的黑暗以及罪恶。

申命记28章讲述着顺从神的话语时临到的祝福和悖逆时临到的咒诅，两者形成鲜明的对比。

神愿意祝福人，但如同申命记11章26节所说："看哪，我今日将祝福与咒诅的话都陈明在你们面前。"人受祝福或受咒诅完全在于人自己的选择。俗话说"种豆得豆，种瓜得瓜"，各人要按照自己的罪行遭受仇敌魔鬼、撒但所带来的各种灾殃。神照着"种什么得什么"的公义的法则，使人按自己所行的遭到报应。

父母时常叮咛"要好好学习"、"要好好做人"、"要守交通规则"都是为了儿女好，同样，神也以为父的心肠教导我们顺从祂的善道，遵守祂的诫命。儿女偏离父母的教导，遭遇不幸的生活，不是父母所愿意的，同样，遭受灾祸，并不是神向我们所定的旨意。

奉主的圣名祝福各位读者能够明白神向我们所怀的意念不是降灾祸的意念，而是赐福的意念，从而单单顺从神的话，成为出入蒙福，凡事亨通的有福之人。

悖逆的人生与顺从的人生

本书所引圣经经文取自《现代标点和合本》

作　者: 李载禄
编　辑: 宾锦善
设　计: 乌陵出版社设计组
发　行: 乌陵出版社 (发行人: 宾圣建)
印　刷: 艺源印刷厂
出版日期: 2007年7月初版 (韩国，乌陵出版社，韩国语)
　　　　　2013年8月初版 (韩国，乌陵出版社)

Copyright © 2013 李载禄博士
ISBN 978-89-7557-818-2, 978-89-7557-421-4(set)
Translation Copyright © 2013 郑求英博士

问 讯 处: 乌陵出版社
电　　话: 82-2-837-7632 / 82-70-8240-2075
传　　真: 82-2-869-1537
E-mail: urimbook@hotmail.com
www.urimbooks.com

　　旧约时代大祭司为了求问神的旨意而使用的决断胸牌"乌陵"，希伯来语意为"光"（出28:30）。

　　"光"就是神道，即为生命。乌陵出版社为了用真光照亮整个世界，如今正在以祷告和赤诚，奔跑在文书宣教的前沿。